٩٧ سببا للفشل

Ahmed Ragab Ali Abdelghany and Msytr

Published by Msytr, 2024.

While every precaution has been taken in the preparation of this book, the publisher assumes no responsibility for errors or omissions, or for damages resulting from the use of the information contained herein.

٩٧ سببا للفشل

قائمة المحتويات

سبعة وتسعون سببا للفشل
لنبدأ حيث انتهى الآخرون...!

اعداد وصياغة
أحمد رجب علي عبد الغني
(مسيطر)

المحتويات

مقدمة

مؤخرا.. ومع ازدياد التشابه بين ادمغتنا.. ومع ازدياد التقليد ونقص التفكير خارج الصندوق..

مع انحصار الفكر في مجرد شائعة او ترند.. ومع تقدم العلوم حتي صارت تعد بالألاف وصار بعضها ينكر اخراها.

ومع ازدياد المحصول العلمي وغير العلمي المتاح هنا وهناك..

لم يعد الأمر نقص الموارد كما يظن البعض فالموارد اصبحت في ازدياد والراحة اصبحت لا تشعر بل والإنسان اصبح في متاهة..

ليست متاهة نقص الموارد بل زيادتها..

وليست مشكلة نقص الوقت كما يُدعي بل الوقت هو الوقت ونفس ال ٢٤ ساعة في اليوم والليلة...

انما هي مشكلة انحصار الفكر في فكرة وانحصار العلم في مقولة ودخول الإنسان الي كهوف الرقص الجماعي..

ما ان تدخل هذا المكان او تلك المؤسسة حتي تشعر ان عليك ان تجرد عقلك من افكاره وتزينه بتلك الافكار الخبيثة او الحديثة...

وما هي الا ايام وتطل علينا افكار جديدة..

تجعل من الواجب علينا ان نخلع افكارنا التي ارتديناها ثم نضع تلك الافكار الاكثر حداثة علي اجسادنا وفي عقولنا..

تبدو هذه مقدمة ادبية لكتاب بعنوان "فستان ليلي"..

لكن هذا لن يستمر كثيرا..

فانا لم اعتاد هذا الاسلوب الادبي الذي يخاطب مشاعرك وشعورك وينسيك فكرك وعقلك ومذهبك..

في هذا الكتاب

اردت ان احدثك عن مجموعة من اشهر الأسباب لفشل الأشخاص والمؤسسات.. وكيف ان تلك المؤسسات حين تفشل انما هو فشل مديريها الحاليين وفشل فكرة مؤسسيها الاولية احيانا في خلق الاستمرار لها..

كما اتحاور معك في هذا الكتاب بحث تناقشي وتشاركي في فهم طبيعة الاعمال الناجحة والمشاريع المستدامة وتلك الفكرة الذكية التي تخرج من عقل بعيد كل البعد عن الفعل لمجرد ان غيره نجح بهذا او ان زميله نجح بذلك..

هي جملة بسيطة ربما سمعتها او قرأتها في كتاب..

ليس علينا ان نخترع العجلة..

ربما سمعت صديقا لي يسألني ان كان بإمكانه صنع برنامج يحاكي التليجرام.. سالت نفسي ما هذا الهراء..

المشكلة ليست في كوني لا استطيع ولا في كون المشروع مكلف..

رغم انها مشاكل كبيرة لكن المشكلة الحقيقية في الفكر والفكرة..

فكيف ان إنسان رأي مشروع ناجحا ويريد فقط استنساخه

المشكلة في تلك الفكرة التي دائما ما تري ان تقليد عمل ناجحا سينجح وتقليد مشروع ناجحا سينجح..

ذات يوما كنت اقراء في كتاب اهداه لي صديقي.. وكان بعنوان "زيرو تو وان".. او من الصفر الي الواحد..

سأناقش بعض افكاره معك مقدما.. لكن اللافت تلك الجملة التي لا تنسي..

مارك زيكنبورج القادم لن يخترع الفيسبوك و ايلون ماسك القادم لن يؤسس شركة تسلا..

لو ان اديسون فكر بهذا المنطلق لكان قد فكر في بناء متنزه ضخم كأحد مشاريع عصره او حتي ملهي ليلي او ربما شيء قد نجح امامه فيستنسخه.. وليس اطلاقا ان يخترع مصباحا كهربائيا..

ربما كما شاهدت اسم الكتاب فهو يتحدث عن ٩٧ سببا للفشل وليس عن مشكلة التقليد فقط..

ولكن البداية دائما هي الركيزة الاساسية والنقطة الجوهرية في نقل فكر القارئ من شخص تقليدي يبحث عن طريق النجاح الذي عبره غيره الي ذلك الفذ الذي يتعلم من اخطائه واخطاء غيره من اجل ان يصنع طريق جديد للنجاح يتجنب فيه الوقوع في اخطاء غيره ويكون ايضا طريق جديدا من صنع النجاح لنفسه يتعلم كيف يمسك قلمه وربما هاتفه ويبدأ بتفكير علمي بسيط يصل به الي ايجاد المشكلة او لنقل العثور عليها وصنع مشروع لحلها بشكل تجاري

انا لا اقدم افكار مشاريع ناجحة ولا ١٠٠ فكرة جديدة ولا ٢٥٠ طريقة لجذب انتباه العميل ولا ٦٠ طريقة للإقناع..

انما هو غوص في داخل افكارك والتعرف عليك من انت وما تريد.. وما منعك من الوصول وتحقيق ما تريده.. ان كانت فعلا لديك معرفة بما تريده..

وهنا تبدا الرغبة في الظهور لديك في فهم ما تريد ثم تفكر مليا في ما فكر به الاخرون وفشلوا فتتجنبه وتضع خطتك وتعمل عليها.. حينها ستصل الي ما تريد.. حين تتيقن ان تلك التجارب الفاشلة التي وقعت فيها وقع فيها غيرك من قبلك ولكن لأنك لم تقرأ عن تلك الأسباب للفشل كررتها وتريد ان تنجح رغم ان غيرك فعلها وفشل.. ؟

يا لك من غبي..؟

حين تمر علي نفس الفخ وتسقط فيه مرارا وانت لا تدرك حتي ان غيرك فعل هذا وفشلوا ......

وكيف تطلب نتيجة مختلفة رغم انك تكرر نفس الفعل في نفس الظروف....؟

وكيف ان تقول التجربة والفشل.. جزء من التعلم

كم عمرك يستمر لتجرب كل اخطاء من سبقوك بينما الناس في عصر لا يكفيهم فقط فهم اخطاء الماضي ودراسة وتحليل أسباب الفشل التي سقط فيها غيرهم.. فيقومون بمد المنحنيات التوقعية في اعماق المستقبل بعد الحاضر ليعتلموا من اخطاء لم تحدث وتجارب لم يخوضوها ولم يخضها احد..

وانت لازلت تخاف من الفشل.. و كل ما يهمك اريد ان انجح

لا تعرف ربما مرادك ولم تضع ربما مقياسا للنجاح ربما ليس لديك خطة لفعل ذلك وربما لم تفكر او فكرت في لماذا فشلت.. ولماذا هم نجحوا.. مات عباس اب فرناس في محاولة للطيران كما سمعت وان لم اصدق.. فهل عليك ان تخوض تجربة مميته من اجل ان تنجح

ام ان عليك تحليل الخطأ وفهمه ومن ثم التجربة من جديد ربما تفشل لكن علي الاقل ستكون قد اخذت احتياطات امان تجعل خسارتك وفشلك غير مميته..

وكيف لا تفشل وانت لا تعرف ماذا تريد وما هي قدراتك..!

حينما يكون اصعب سؤال لك ماذا تري نفسك بعد خمس او عشر سنوات..

هو ليس سؤال عن الغيب كما تري بعض الثقافات وانما سؤال عن الخطة والمعرفة بالذات والتوقع..

فحروب الغد أسبابها قائمة وابطال الغد في المسابقات الرياضية تجدهم الان يتدربون و هكذا كل خط نجاح مستقبلي تجد له جذور ومعادلات حسابية تعطيك توقع بنجاحها مستقبليا..

في هذا الكتاب وخلال فصوله العشرة

سنخوض سويا في أسباب الفشل..

ونناقش كل على حدة داخل تلك الفصول ستقسم تلك الأسباب علي شكل مجموعات من قرابة العشرة أسباب معنونة..

ولعل اولها أسباب الفكرة بعنوان من انت وما تريد..؟

ثم تنتقل بين المجموعات الأخرى من أسباب الفشل

وفي كل فصل نتوقف معا ونتذكر كم مرة منعك هذا السبب او تلك الأسباب من تحقيق مبتغاك وانت لا تعلم انه سببا للفشل

✓ الفصل الاول/ الهوية

يناقش الفصل أسباب الفشل التي ترتبط بهويتك الشخصية والمؤسسية وماذا تريد وما هي خطتك لتنفيذ مرادك ويناقش أسباب اثني عشرة للفشل في هذا الجانب تبدأ بعدم معرفتك من انت او ما هي مؤسستك. وتنتهي باستعجال النتائج مرورا بالقدوة الغير مختارة ووهم النجاح والتشتت والمنافسة والانخراط والهوية الجماعية والتكبر علي النصيحة او التسليم بها والتفكير العاطفي والتقليد الأعمى ..

✓ **الفصل** الثاني/**البيئة**

يناقش هذا الفصل أسباب الفشل المرتبطة بالبيئة ولعلي لم اكثر في مناقشتها كون اني مؤمن تمام الايمان ان المؤسسات والأشخاص الناجحون يمكنهم فعل ذلك حتي في البيئات الفاسدة رغم الصعوبة لكن لنقل ان تلك الأسباب تتضمن البيئة المحبطة وصولا للفساد المجتمعي ومرورا بالعشوائية والمحسوبية ونقص الموارد والاحتكار الجمعي وعدم تقبل الاعتراض والتدخل الغير مبرر في الخصوصيات

ربما الكثير من أسباب الفشل المرتبطة بالبيئة لكني ركزت علي اهم الأسباب التي يصعب تخطيها ويجب تجنب التواجد بها اما غيرها فيمكن للإنسان التغلب عليه بل والاستفادة منه احيانا..

✓ **الفصل الثالث/ العادات**

يناقش هذا الفصل العادات العشر الاكثر تسببا في الفشل كون ان تلك العادات تعتبر في حد ذاتها أسبابا تحول دون نجاحك تبدا بإغلاق الاذن او الحديث اكثر من الاستماع والقراءة وتنتهي بكثرة الشكوى والانتقاد مرورا بالاعتماد علي الذاكرة في الخطط واللسان البذيء و سرعة الغضب و سرعة الاستنتاج والاستعجال والاستيقاظ مؤخرا بلا مبرر والروتينية و التفاؤل او التشاؤم او العاطفية في التوقع ويناقش مواقف في كل سبب منهم وكيف يمنع هذا السبب من تحقيق مرادك

✓ **الفصل الرابع/الأولويات**

هذا الفصل ربما يكون الاقصر لأنه في الاساس يناقش سببا واحدا للفشل وهو عدم تحديد او عدم القدرة علي تحديد الاولويات في حياتك وايها يؤثر بشكل اكبر من الاخر لأنه قد تجد انه يوجد تعارض بين امرين حينما تتخذ قرارا ما بين اثنين او اكثر من الأسباب فان فعلت هذا أقللت من هذا وبالتالي كان عليك فهم ايهما له الاولوية

✓ **الفصل الخامس/الخطوات**

يناقش هذا الفصل الأسباب التي تقودك للفشل والمرتبطة بالخطوات في تنفيذ مشروعك او مرادك او مراد الشركة ان كنت تتحدث عن مؤسسة اذكر منها عشرة أسباب بدأ بالتنفيذ قبل التخطيط وصولا الي غياب التقييم وأخذ الآراء من المستفيدين او تقييم الاقران ومرورا بغياب الخطة من الاساس او استيراد الخطط المعدة مسبقا وعدم تدوين الخطط وهامشية الخطط والقياسات الخاطئة لمدي التقدم وعدم واقعية الخطط احيانا وجمود الخطط وغياب الوقت الاحتياطي احيانا

✓ **الفصل السادس /المبادئ**

يناقش هذا الفصل الأسباب التي تقودك للفشل والتي ترتبط بالمبادئ فأيا كنت تقصد بالفشل شخصيا او مؤسسيا فلا يمكن نسيان البعد عن المبادئ الاساسية نتناول تلك الأسباب العشر بداية من عدم وجود المبادئ ومرورا بعدم وضوحها و عدم مشروعيتها و نسيانها و التخلي عن تلك المبادئ تحت بنود التدرج و موقف المرة الواحدة وتحريف صيغها و غياب المراجعات لتلك المبادئ او التسرع في انشائها وازدواجية المعايير احيانا

✓ **الفصل السابع /السمعة**

يناقش هذا الفصل أسباب الفشل المرتبطة بسمعة المؤسسة او الشخص. وهنا نذكر منها ستة أسباب هي غياب المعرفة اصلا و السمعة القبيحة و سمعة الطاووس والسمعة المبالغ فيها و سمعة الترند والفشل الذريع في السمعة

✓ **الفصل الثامن /الفرص**

يناقش هذا الفصل أسباب الفشل المرتبطة بالفرص ونذكر اربعة عشر سببا منها الفهم الخاطئ للفرص وتجاهل الفرص والفرص الوهمية والطمع والمصيدة و والارتكاز علي نقطة واحدة والمخاطرة والانتظار
منظور عبور النهر والتكيف وضيق المنظور ومنظور التعددية و الشروط الجزائية و الجودة الذائدة

✓ **الفصل التاسع/ التحديات**

يناقش هذا الفصل أسباب الفشل المرتبطة بالتحديات ونذكر ستة عشر سببا منها جهل التحديات وتجاهل التحديات و اضاعة الوقت في الشكوى والفهم الخاطئ للتحديات والحلول المؤقتة للتحديات والنظرة السوداء و عدم انتظام التقييمات واعتمادية التقارير الغير دقيقة واستيراد الحلول و شخصنة التحديات و

منظور اطفاء النار بالنار ومنظور الكل ضد الكل ودائرة الانتقام ومنظور الشك المطلق و منظور جزء من الكل ومنظور خرق السفينة

✓ الفصل العاشر /القيمة

يناقش هذا الفصل أسباب الفشل المرتبطة بالقيمة وقياساتها واعتباراتها ونذكر عشرة أسباب منها جهل القيمة و التقييم السوقي و تجاهل القيمة المفقودة و تجاهل صلاحية القيمة و التخزين السيء للقيمة و ارتفاع معدلات التضخم و القيمة الميقاتية و التقدير الخاطئ للقيمة و الحساب الجبري للقيمة والقيم الغير محسوبة

الفصل الاول

يناقش الفصل أسباب الفشل التي ترتبط بهويتك الشخصية والمؤسسية وماذا تريد وما هي خطتك لتنفيذ مرادك ويناقش أسباب اثني عشرة للفشل في هذا الجانب تبدا بعدم معرفتك من انت او ما هي مؤسستك. وتنتهي باستعجال النتائج مرورا بالقدوة الغير مختارة ووهم النجاح والتشتت والمنافسة والانخراط والهوية الجماعية و التكبر على النصيحة او التسليم بها والتفكير العاطفي والتقليد الأعمى..

كثيرا ما اري هذا السؤال في اسئلة المقابلات الشخصية للتوظيف ولعل البعض يسأل عن اجابة نمطية يحفظها ويلقيها في اذن السائل دون وعي منه مراد هذا السؤال

لكن الغريب ان هذا السؤال جوهري للغاية لحياتك عامة ولعملك ايضا فان لم تكن تعرف من انت وما تريد فكيف تضع خطة لتنفيذ ما تريد وكيف تتحرك..

لست هنا لأقدم اليك اجابة هذا السؤال انما لأنوه لأهميته والفهم والتعرف علي شخصك اكتر

حينما تعرف نفسك ربما انك رجل متزوج ولديه اولاد فهذا قد يذكرك بمسئولياتك وحينما تعرف نفسك انك مهندس مدني ار متخصص في البرمجيات الذكية او انك مدير شركة او.. الخ فانت تركز علي مجال عملك وحينما تعرف نفسك انك إنسان مسلم او مسيحي او يهودي فانت تنظر الي جانب علاقتك بربك نظرة شمولية اكتر وحينما تعرف نفسك في سطرين فانت رجل ذو دقة في الوصف

الأمر ليس فقط للأشخاص بل للمؤسسات والمنظمات وكل الكيانات الأخرى فمتي لم تعرف المؤسسة اسما ورؤية ورسالة وهدف فكيف تستمر في الوجود ولعل أحد أسباب الصراعات داخل المؤسسات غالبا ما يكون عدم ادراك الرؤية والرسالة من المؤسسة فيبدا كل وأحد منهم في التوجه نحو فكرة تحيد عن الهدف الرئيسي للمؤسسة وربما هو يجهل الهدف او ينساه او انه لم يوضع وربما لم يتم الاتفاق عليه حينما انضم الي المؤسسة

فرحلة الاستكشاف التي تتم تحت مسميات عديدة منذ اليوم الاول للموظفين الجدد داخل الشركة لتعريفهم ببيئة العمل ليست تضييع للوقت ووكل وقت يتم استهلاكه اذا في فهم ماهية الإنسان او الشركة انما يحول دون تحول الإنسان او الموظف في الشركة الي شيء عائم ليس له جذور لا يعرف ما هو وماذا يجب ان يفعل لأنه لا يعرف ماهية نفسه وماهية مؤسسته التي يعمل بها..

استعجال النتائج..

الكثير منا يبحث عن أسباب النجاح وعن العادات الاكثر فاعلية والطريق الي القمر وكيف افعل ويركز كل التركيز علي الوصول متناسيا ما دونه الأمر يذكرني بهذا المشهد لشخص او أشخاص يحملون حجر فوق خشبة ملقاة علي الارض بدون عجلات و خالد هذا الشباب الذي ينصح هذا الشخص او هؤلاء يطلب منهم التوقف والتفكير مليا ان يضعوا عجلات لهذه الخشبة لعلها تسير اسهل

لكن التركيز علي الهدف بشكل تستعجل فيه النتائج ويلغي فيه التوقف لبرهة يمنعهم من اضاعة الوقت كما يظنون في تركيب العجلات فهو من منظورهم اسرع لأننا لن نتوقف عن ما نفعل ونظل نعمل بجد علي تحريك هذا الحجر

ربما المثال قديما لان الإنسان لم يعد يفعل هكذا بعد اختراع العجلات لكن إنسان الحاضر ربما يفعل الشيء نفسه بشكل اخر اليوم حين يركز علي استعجال النتائج ويرفض اضاعة الوقت في التفكير والنظر الي حدود ابعد من الموقف

كم مرة تذكر وانت تفتح هاتفك تبحث عن صورة وتبدأ في النزول والصعود بين الاف الصور لأنك لم تحسن تسمية الصورة.. ولا تعرف اسمها او حتي عندما اردت انشاء ملف نصي وسميته ملف ٥ بدلا من وضع عنوان مناسب له

الأمر قد يكون وانت تسميه يأخذ دقيقة او اقل لكنك تأخذ في كل مرة تبحث فيها عنه نصف دقيقة فلو بحثت عن الملف ثلاث مرات فانت اضعت نصف دقيقة ذائدة عن حسن تسمية هذا الملف

الأمر لا يقف عند هذا الحد بل يبعد..

اتفكر في هذا الرجل ذو وزن ال ٢٠٠ كيلو اراد ان يخسر وزنا من وزنه فعرض عليه الطبيب ان يتناول نصف رغيف في كل وجبة مع قليل من الارز ففكر هذا الرجل في ان يصل الي فقدان الوزن اسرع وقرر تناول رغيف واحد في اليوم اي وجبتين فقط..

ماذا سيحدث.. بالتأكيد سيفقد القدرة وبعد يومين سيكره النظام الغذائي ويعود لشهيته الشرهة وياكل اكثر مما وفر في الايام السابقة

استعجال النتائج ليس فقط يعميك عن التفكير في الشيء والتخطيط له وليس فقط قد يتحول بعد يومين لعدم التحمل كما في النظام الغذائي بل احيانا قد يؤدي بنتائج عكسية

كوني درست التمريض فدعني القي اليك هذا المثال ماذا ان كان شخص يتناول دواء لمرض ما وقرر الزيادة منه لتسريع النتائج اليس من الممكن ان يحدث له تسمم وبدل من ان يعالجه الدواء فيسبب له داء؟

ماذا لو انك استعجلت وقلت لما اقرأ فهرس الكتاب سأبدأ من المحتوي اليس من الممكن ان يكون الفهرس يحتوي علي مقدمة تدعوك لعدم اكمال الكتاب او انك تدرك ان الكتاب غير كامل..

ببساطة استعجال النتائج انما هو عدم تدبر للفكرة الاهم في حياة الإنسان و هي انها رحلة عليه الاستمتاع بها لا ان يصل هنا او هناك بل المتعة في الرحلة يا صديقي..

القدوة الغير مختارة..

ربما هذا العنوان اوضح مما سبقه حينما يقرر ان يفعل شيء ربما يقتدي علي اثر من سبقوه ويتعلم منهم ويأخذ العبر من اخطائهم او يستفيد من خبراتهم..

لكن ماذا ان اخطئت الاختيار وبدل من ان تقتدي بشخصية فعلت ما تريده تقتدي بشخصية أخرى لا اقول فاسدة وانما علي الاقل هي اكثر ما يكون اختلافا عند و عن ثقافتك وفكرك و هدفك فالاقتداء بلاعب كرة لن يساعدك علي ان تكون طبيبا والاقتداء بممثل او مغني لن يجعلك مهندسا ناجحا وكذلك ان كانت خطتك ان تكون مصارع معروف فليس عليك الاقتضاء بأحمد زويل..

الإنسان حينما يختار قدوة يربط بين اسمه وبين النجاح في الحياة فكلما فكر في خطواته نحو تحقيق مراده تذكر ما فعل هذا القدوة وفعل مثله او استلهم من افكاره بل ورما يفعل اشياء ليس في اضطرار لها لمجرد ان هذا القدوة فعلها لكن الأمر ليس فقط للأشخاص وانما للمؤسسات ايضا..

ماذا لو ان جامعة قررت ان تبني كلية جديدة او مركز تدريب او حتي مستشفى جامعي اليس من الضروري ان تذهيب تلك الجامعة ممثلة في رئيسها او من ينوب عنه الي أفضل الجامعات بدل من اقربها جغرافيا..

ام انها تذهب الي جامعة أخرى غير متقدمة وتطلب منها ان تشرف وترشدها في الخطوات؟

الأمر الاهم هنا ان القدوة ليست قدوة مطلقة يا عزيزي..

ماذا لو انك فكرت في تعلم رياضة "الكارتيه"

هل يرشدك مصطفي محمود او مصطفي السيد...؟!

هم قدوة في علوم اخري

والأمر ينطبق ايضا علي المؤسسات

لو ان جامعة متقدمة فهذا لا يعني انها متقدمة في كل العلوم فربما ان ارادت جامعة محلية ان تنشئ كلية جديدة في علوم الفضاء لكان عليها الاتجاه الي أحد الجامعات الروسية مثلا المتقدمة في هذا

ورغم ان تلك الجامعة متقدمة في علوم الفضاء فهي لن تصلح لان تكون قدوة او مثلا اعلا ومشرفا ان ارادت تلك الجامعة المحلية ان تنشئ كلية خاصة في العلوم النووية فربما الأفضل هنا جامعة امريكية

الأمر الاخر هنا انك حينما تفكر في قدوة لك فعليك بمراعاة الاختلافات الثقافية والعصرية فربما وجبة غداء عداء هندوسي لن تشابه وجبة غدائك وربما نظام ترفيه نابليون بونابرت في فرنسا في العصور الماضية لن يناسب نظام ترفيهك..

وهم النجاح..

وضعت هذا العنوان في هذا الفصل بالتحديد نظرا لأنه ينتج عن سوء تعريفك لنفسك او عدم وضوح رؤية المؤسسة

وهم النجاح هو حالة يظن فيها الفرد او المؤسسة انها حققت مرادها دون ان يحدث هذا وهو أحد أسباب الفشل فالإنسان حينما يوهم نفسه انه قد حقق ما يريد ربما يحيد عن الطريق الذي سار فيه لأنه لم يعد لديه رغبة في تحقيق شيء فقد فعل ما يريد مسبقا

تخيل لو انك خططت ان تكون طبيبا او ان تفتتح محلا تجاريا او ان تصبح مدرسا او ان تكون موظفا في شركة ما

هل بهذا انت قد نجحت..؟

بكل اسف لا

لأنك من الأساس عرفت نقطت نجاحك خطأ

ذات يوم كنت اجلس في أحد المقاهي

ولعل اذني التقطت تلك الجملة خطأ

يقول أحد لصاحبه ما هو دخلك اي راتبك حينما تذهب لتخطب فتاة..؟

فرد الاخر وهو يملئ فاه...... انا دكتور..

ثم سأله الاخر متعجبا "ايوه يعني بتقبض كام ومتقليش انا دكتور..؟!"

ربما الراتب ليس محددا للنجاح

لكن بكل تأكيد كونك طبيبا او مدرسا او صاحب مصنع ليس نجاحا في حد ذاته..

انت حين تقرر ان تكون صاحب مهنة او علم او صاحب مصنع او محل فليس غرضك مجرد ان تكون صاحب كذا وانما تلك المهن وهذه المصانع والمحلات مجرد وسيلة لإيجاد دخل مادي مستمر لتوفير حياة جيدة وممتعة ولتوفير نفقاتك وربما للزواج ربما لتجد مكانة اجتماعية وغيره

وهم النجاح هنا قد ينتج عن سوء تعريفك لهدفك او ربما قياسات خاطئة فانت حينما تضع هدفك ان تربح مبلغ معينا وتحققه في نهاية العام فتجد ان معدلات التضخم ارتفعت وان القيمة الحقيقية للمبلغ لم تعد لتشتري ما خططت لشرائه بالمبلغ فانت هنا لم تنجح انما هو وهم النجاح الناتج عن القياسات الخاطئة..

اتذكر هذا الشخص الذي رسب هذا العام واتي في النهاية يقف بروب التخرج ويلتقط صورة له كناجح

او هذا الرجل الذي وضع هدفا ان يشتري هاتفا..

ثم بعد فترة باع التلفاز واشتري الهاتف؟؟

وهم النجاح هنا ينتج عن سوء تعريفك للهدف بالتالي انت تظن انك وضعت المقياس الصحيح للنجاح بشراء الهاتف وتتناسي انك خسرت التلفاز..

لذا خذ حذرك في كل مرة تحتفل فيها بنجاحك هل فعلا قد نجحت في ما تريده ام انه مجرد وهم النجاح؟

التشتت

التشتت كأحد أسباب الفشل المرتبطة بمعرفتك بنفسك وما تريد هو فعل الاشياء التي لا تخدم مصالحك او لا تصب في خدمة اهدافك او علي الاقل تصب اقل من الأخرى وربما التفكير في عمل اكتر من شيء في نفس الوقت..

كم مرة رن هاتفك وانت تقرا كتاب لترد فتجد صديقا يتصل بك ويمازحك ويطلب منك الذهاب للخارج للعشاء او ربما النزول الي حجز كرة او حتي هذا الاعلان المعنون بـ "عشرة دلائل تثبت ان ميسي سمكة" علي اليوتيوب

كم مرة فتحت التلفاز وجلست للحديث مع العائلة وانت لا تدري أتتحدث معهم او تستمع الي مسرحية وكم مرة خرجت للجلوس مع صديقك وجلست ممسكا بهاتفك تتصفح احدث منشورات "الفيسبوك"

لا انت تفيد أحد ولا انت تستفيد او علي الاقل كلامك مع صديقك سيفيدك اكثر وربما كان عليك انهاء هذا الخروجة مع صديقك ان كانت مملة بدلا من ان تشتت نفسك عنه بالهاتف ظننا منك انك تتسلي بدلا من جلسته المملة

وضعت هذا العنوان في فصل عدم معرفتك من انت لأنه في اغلب الاحيان ينتج عن نسيان اجابة هذا السؤال

من انت وماذا تريد

او ما هي رؤية المؤسسة وما هي اهدافها..

فانت في كل مرة تتتذكر هذه الاجابة بل وتدونها وتراجعها وان امكن ان تعلقها علي الحائط افعل..

فانت بذلك تتخلص من مصادر التشتت ليس بان تلغي حدوث مصادر التشتت ولكن بان تتجاهلها

فتخيل انك اتصل بك هذا الشخص الغبي وانت لم تعطه موعدا ثم تحدث لنصف ساعة عن خططه التي يكررها بملله ولا يفعلها ثم انت تنظر فتجد امامك اهدافك او تتذكرها فتطلب منه انهاء المكالمة

ماذا لو انك طلب منك شيء ليس من واجباتك فنظرت في دفتر يومياتك ووجت نفسك محملا بالمهام فقلت له عذرا لا يمكنني فعلها او حتي بدون عذرا

ماذا لو انك اعددت مجدولا او وقت اسبوعي تراجع فيه نفسك وتري ماذا حققت مما خططت له..

هذا الكتاب الذي تقرأه الان خططت لكتابته في السابع من اكتوبر من عام ٢٠٢٣ وها انا كتبته في عشرينيات اغسطس من العام التالي..

لو لم ادون خطة لإنساني فرح صديق او مقابلة مع زميل او اغنية جديدة ان اجلس واسترخي واكتبه

للأسف لا يمكنك ان تمنع صديقك ان يتصل بك او قريبك الذي يأتي بدون ميعاد او هذه السيدة التي توقفك في الشارع لتسالك وتطيل سؤالا بتفاصيل مهملة لكنك فقط قادر علي تجاهلها وتخطيها بجملة ليس لدي وقت

هنا انت لا تكذب بل تركز علي مبتغاك وهدفك ولديك خطة وبالتالي ليس لديك وقت لإضاعته.. هنا بمعرفتك من انت وتحديد اهدافك وخطواتك ووضع الاطر الزمنية لها فانت لا تسمح لأحد بتشتيتك

نحن يا عزيزي في هذه الحياة كل يوم ينظر الينا الاف من الناس علي اننا اموال ومكاسب يمكن جمعها وان لم ننتبه ونركز ونضع خططنا فلن نفعل شيء.

المنافسة

من الصعب نسيان تلك الجملة ان النجاح هو الهروب من المنافسة من كتاب "زيرو تو وان "

ماذا لو انك قررت افتتاح مشروع ودخلت الي الانترنت وبحثت عن مشروعات ناجحة وقلت لنقلد وأحد منهم لنفتتح مشروع طباعة علي القمصان والملابس الشبابية..

هل فكرت كم شخص يفعل هذا..

وما هي ميزتك عنهم

ربما هذا الغبي يفكر يا له من عمل مربح الأمر يكلف ٣ جنيهات لكل قميص وانا سأحصل علي خمسة جنيهات والمكان الاخر يفعلها مكابل ١٠ جنيهات اذا فانا اوفر منه والناس ستأتيني انا

لكنك تجهل انك تنافس في شيء يستطيعه غيرك ايضا

ماذا لو اتي ثالثا وقرر ان يفعل الأمر مقابل اربعة جنيهات

وماذا ان قرر الاول ان يقدم الخدمة مقابل ثلاث جنيهات ونصف او ان يقدم عروض كي مجانية..

انت تنافس وغيرك ايضا يستطيع المنافسة بينما انت بدأت مؤخرا فخبرتك اقل بالتالي هذا الشخص الذي تنافسه ربما هو اكثر خبرة واقدر علي التوفير منك الغريب انك ربما عندما تقدم الخدمة ارخص فانت تنافس بالسعر وتنسي انك ايضا سيتم منافستك بهذا وتنسي وربما تتماهي مع الفكرة وتعيش حياتك كلها في تنافس مع غيرك وربما تحول هدفك من ان توفر نجاحا في توفير مال كافي لنفقتك يمكنك فعل هذا بألاف الطرق لمجرد انك تريد ان تنافس غيرك من صاحب المحل بجوارك..

هل اصلا هذا هو هدفك وهل جلست مع نفسك وراجعتها......؟

تجد هذا يذهب لشارع المكتبات ويفتتح محلا تجاريا للطباعة وهذا يفتح وسط السوق محلا لبيع الخضار..

الأمر يشبه المثل المصري "يبيع المايه في حارة السقايين" ويظل ينافس في الخدمات والسعر والجودة

هذا لا اقول انه لا يكسب لكن تذكر من انت وما تريد وما هي خطتك اردت ان تكون طبيبا ولم تنجح في الثانوية العامة بمجموع يؤهلك فقررت دفع مليون جنيه مصاريف كلية لمجرد انك تريد ان تكون طبيبا تنافس هذا الطبيب جاركم ونسيت انك حتي بعد ان اصبحت طبيبا فانت دفعت اكثر منه فهو كسب اكتر ونسيت انك عرفت هدفك خطأ وقررت ان تكون طبيب بأي تمن واعتبرت ان مجرد كونك طبيبا نجاحا..

ثم تنافس وتنظر الي ارزاق غيرك هو يكسب وانت تقلد وتنافس وتدور الدائرة الأمر قد يحدث في المؤسسات ايضا

كثيرا ما تجد تلك المؤسسة تتجه لتخصص آخر وتهمل تخصصها لمجرد منافسة شركة اخري..

تذكر انت لست بحاجة للمنافسة يا عزيزي قف وفكر واعد التخطيط فان فعلت فكرة جديدة وقلدك أحد سيكون هنا لك تقدم لأنك لديك رؤية ماذا تفعل وخبرة سابقة بينما المنافس كل تركيزه علي المنافسة..

الانخراط..

اقصد هنا بالانخراط كسبب من أسباب الفشل مرتبط بعدم معرفتك لنفسك وماذا تريد ان تتماهي مع سلوكيات المكان الذي انت فيه تفقد هويتك تصبح مجرد هذا الترس في المصنع الكبير تعمل كل يوم من السابعة للسابعة لتعود تنام وتصبح فتكرر الحلقة

والسبب الذي يجعل الانخراط هو أحد أسباب الفشل ليس لأنك لن ترتاح في حياتك بل لأنك مع مرور الوقت ستستبدل بترس ان كنت عاملا في مصنع تحت مسمي ميكنة خطوط الانتاج او ان تستبدل بمجرد اداة ذكاء اصطناعي ان كنت مصمم ويب او مراجع بيانات

لماذا هذه السبب في فصل معرفة الذات

لأنه ببساطة حينما تستبدل جملة تعريفك لنفسك بجملة انا دكتور في مستشفى س او مهندس تصميمات في مصنع او شركة ص تلغي بذلك تعريفك الحقيقي لنفسك فالشركة هذه لن تظل بحاجة اليك مدي حياتك والمستشفى كذلك وان كانت

لكن الفكرة ان الانخراط احيانا ينسيك مرادك ماذا تريد من انت و ما هي خطتك وهل يمكنني تطوير نفسي هي يمكنني توفير خدمات اضافية هل اسعي للترقية لأنني اقدم افكار جديدة ام اسعي للترقية لأنني فقط افعل عملي بشكل صائب

الاولي هي ترقية مناسبة اما انك تفعل عملك بشكل صائب فالترس في المصنع سيكون احسن منك ونموذج الذكاء الاصطناعي لن يخطئ بل سيفعل اكثر دقة وربما بعد وقت قدم مقترحات تحت مسمي تعلم الالة واختصار العمل وقت ومجهود ولن يطلب اجازة

اذا فمشكلة الانخراط كسبب من أسباب الفشل ليس لأنك لن ترتفع بمنحني تقدمك ونجاحك بل لان حتي الخط المستقيم من نجاحك لن يستمر

نحن في عالم متطور ولا يكفي فيه المحافظة علي مكانك بل عليك ان تطور من نفسك ومن امكانياتك بشكل لائق مناسب الاهم ان تتطور ولعل خير مثال علي هذا ذلك البرج العالي في التسعينيات لشركة "تيوتا" علي ما اذكر بعد زمن ظل بارتفاعه بينما كل المباني حوله ارتفعت واصبح هو الاقل ارتفاعا

لا تكن هذا البرج يا صديقي الجانب الاخر من الانخراط هو التماهي في العادات حولك لمجرد انك تشاهدها كثيرا فليس يا صديقي معني انك تعمل في شركة واكثر من فيها يشرب الخمور دافع لأن تفعل

تذكر من انت ماذا تريد وما هي خطواتك وكيف تحافظ علي مدي تقدمك..

الهوية الجماعية كسبب من أسباب الفشل

اتذكر هذا المثال السابق عندما قلت لك ان البيئة التي يشرب اغلب من فيها الخمر ليست كافية لدفعك لأن تفعل..

الأمر لا يمكن فقط ان يقف عند هذا الحد وحتي لا اقول لك انصحهم ليس لقلة قيمة النصيحة بل لأنني متأكد ان اغلب النصائح التي ستوجهها لهم ربما وجهت من قبل بل كل ما تفعله ان تتجاهل هذه البيئة وتخرج منها ربما سنتفرغ لهذه الأسباب المرتبطة بالبيئة في فصل مخصص لكن لتفهم ان الهوية الجماعية تعني ان الخطأ سيكون في خصر كل من في الفريق فهذا شارب الخمر او المهمل في الفريق حينما يتسبب بخطأ ستكون انت أحد ضحاياه لمجرد انك جزء من هذا الكيان و حيث ان الجزء الاكبر من الفريق سيء وغير مبال فتخلص من كونك جزء منه في اسرع وقت بلا جدال وبلا نقاش اما ان كانت الاقلية فقط هي التي تفعل الخطأ هذا او تضلل الصورة فهنا ربما يفيد النصح لكن حالة ان كررت النصح واستمر الفعل بلا نتيجة لا انصحك فلا يهم هنا كم عدد من يفعل هذا الفعل المشوه للهوية الجماعية لست بحاجة للشكوى ولست بحاجة للذهاب الي مدير المكان لاطلاعه علي ما يحدث فمدير اي مكان لا يكفي ان ينظر في الشكاوي بل يراقب ايضا ويراجع ما يحدث واي مدير جيد ليس بحاجة لشكوي في الغالب فله مراقبين وله عينات عشوائية يطلع عليها بجانب مراجعة تلك الشكاوي

و هنا اعود واذكرك بمن انت ماذا تريد وهل يخدم وجودك في المؤسسة تلك اهدافك..

اذكر لك موقفا ولعلي اعتذر علي الاسلوب الامري في السطور السابقة فالأمر لا يحتمل الجدل حقا

تخيل انك تذهب الي مؤسسة وتقدم طلب خدمة مدفوعة

فيستلم منك موظف محترم ومهذب الطلب ويحصل علي المال اللازم بالضبط دون زيادة ثم يسلمه للمسئول عن التنفيذ وماذا تريد موصوف في ورقة كاملة مهندلة ومنظمة

ثم هذا الشخص يضع الورقة فوق الورقة مملوءة بالطلبات منك ومن عملاء اخرين وبينما يترنح في الشركة اذا بهذا الشخص يفقد الورقة خاصتك لعله سكب عليها الشاي خطاء بدلا من ان يعود اليك استحي وتجاهل الأمر

انت تنتظر ان يتصل بك أحد في المؤسسة ان يتفق معك يحدد معاد لفعل ما طلبت بينما طلبك في المخلفات ملقي وبعد فترة تعود فتجد ان الورقة لم تعد موجودة والموظف المخطئ ربما موجود او لا

هل ستلقي اللوم علي الشركة ام علي الموظف المخطئ ام علي الموظف المحترم الذي فعل عمله..

بالطبع المؤسسة كلها ربما حتي تلقي اللوم علي هذا الموظف المسكين الذي فعل كل دوره ليس في الواقع لخطاه فهو لم يخطأ انما كونه جزء من مؤسسة فاشلة ماذا عن المدير .....؟

ربما يقول لك اعد املاء طلبك ....؟

هذا لا يكفي فالسارق يا عزيزي ان عرف انه حين يتم ايقافه يدفع ما سرقه ويذهب سيكرر والمخطئ حينما يامن العقاب سيكرر اما اهمالا واما تناسيا

وانت الضحية ليس لخطأك ولكن لأنك جزء من الهوية الجماعية التي يشوهها ذلك الموظف السيء

لذلك دائما تذكر يا عزيزي لست مضطر ان تبقي هنا

فربما خطاك ليس لأنك مخطئ بل لأنك تواجدت مع الهوية الجماعية الخطأ وربما حتي لأنك تحاول نصحهم سيفعلون الخطأ ويتهمونك انك فعلت..

ولعلي اذكر موقف هذه الممرضة سارة التي قالت في أحد فديو هاتها انها اصيبت بشكة من ابرة معدية بعدما تركها أحد غيرها في المستشفى دون ان يضعها في المكان المخصص من المخطئ ومن الذي يتضرر ..؟

التكبر علي النصيحة

لعلك تقف وتردد هذه الجملة كان الإنسان الذي كتب هذا الكتاب نصح نفسه بها او كما يقال بالعربية وان استحيت ان اذكرها نصا لكن لماذا لا تنظر الي نظرة إنسان اخطأ ويريد ان لا يخطأ أحد غيره ما اخطاه هو لماذا لا تنظر الي تلك النظرة او ربما اقل منها بان تأخذ المعلومة وتحللها منطقيا وتري بنفسك ما انصحك به لست اقصد نفسي ولكن النصيحة عامة

التكبر علي النصيحة لا يعني رفضها لان تقبل النصيحة او رفضها أمر عائد اليك ولا يمكن ان نتقبل كل النصائح التي تتقدم الينا كما ذكرنا لان حتي القدوة

الصالحة التي تقتدي بها ستجد اختلافا كثيرا بينك وبينه في اسلوب حياتك واسلوبه وظروفك وظروفه

لكني اقصد التكبر علي النصيحة بالسخرية منها وعدم قراءتها او جملتك لقائلها "بعدين بعدين او هشوف او انا مش فاضي لكلماتك الفارغة تلك"

ربما لأكن صريحا تكن النصيحة وقت ما من المشتتات كصديقك الذي اتصل بك يلومك علي ترك المجلس في المطعم مع اصدقائك لان عندك أمر اهم.. هذا سنتحدث عنه بالتفصيل في فصل الاولويات

لكن الفكرة الاهم هي اصغاء الاذن للنصيحة وتفهمها والاستماع لا اقول اكثر من التحدث بل علي الاقل قدر التحدث

والنصيحة لم تكن فقط تلك الشفاهية بل ربما كما هو الحال في الكتب والروايات..

المهم ان تتذكر يا عزيزي من انت وما تريد ما هي اهدافك وما هي خطواتك وتستمع وتقرأ ثم تقرر اي منها يناسبك واي لا لكن تذكر انه لا عليك ان تسب ناصحا لنصحه وليس الناصح بأفضل إنسان بل اكثر من تأخذ عنهم النصح هم من اخطأوا كثيرا لأنه مع كل خطأ يقدم نصيحة صادقة عن تجربة حقيقية

وان الأشخاص الناجحين ربما ينصحوك لكن الأخذ بنصح من نجحو فقط سيقودك لتكرار مشاريعهم وطرقهم احيانا وطرقهم احيانا هذا ليس مطلوب بل الاغرب ان كثيرا منهم سينشغل عنك بمشاريعه والاهم اخيرا ان اغلبهم لم يجرب تلك الاخطاء التي ينصحك بتجنبها من وقع فيها..

علي اي حال فنصيحة من نجحو ومن فشلوا ستفيدك ان انت قررت متي تستخدم كلا منها بشكل دقيق ومناسب

التسليم بالنصيحة كمُسلمات..

ربما اردت التأكيد علي تلك الجزئية هنا وبعد جزئية تقبل النصيحة او بمعني اخر رفض النصيحة كسبب للفشل

اردت التأكيد علي ان أخذ النصائح كمسلمات ايضا سببا من أسباب الفشل

ماذا لو ان من ينصحك او تقرا له كتاب يعيش في مستوي اجتماعي مختلف او عصر مختلف هو يحدثك بلسان عصره وفكره ومكانته وانت ربما تذكر ان تلك النصائح غريبة فإنسان اروبا في تلك البيئات الباردة ربما يحتاج الي وقود للتدفئة اغلب الاحيان بينما انت تفعل للتبريد من خلال مروحة او تكييف الفكر مختلف والنصيحة قد لا تتلائم معك ومع اهدافك

دعني اضرب لك هذا المثل من المجال الطبي كوني أحد من دورسوا التمريض

احيانا يكون الأعراض علي المريض هي هي والعلامات نفسها وتجد ان الدواء متعاكس

فنصيحة طبيب لمريض مغمي عليه بعد قياس السكر ربما جرعة من الجلوكوز وربما جرعة من الانسولين

مع ادوية أخرى لا ادخل في تفاصيلها الأمر هنا ليس مزحة فالأعراض متشابهة انت تري نصيحة أحد حين قال لك حدث كذا وفعلت كذا وقد نجح بينما نفس الأعراض لو فعلت معها نفس الفعل لكانت مميتة

لتأخذ النصيحة كدعوة للفهم والتفكير لا اشارة عصبية من مصدر لا يجوز ايقافه تتحرك علي اثرها

انت إنسان تذكر لديك فكرة وهدف مختلف ولديك وعي بما تريد ان تفعل لديك خطة ولديك دافع لديك اشياء متشابهة مع غيرك ان لكل منكم هدف لكن لديك اختلاف في تلك الخطوات والطريقة والاسلوب والظروف والزمن ايضا..

فيا عزيزي لتسمع النصيحة تفكر فيها وتراجع نفسك فالقرار قرارك ومسؤوليتك وحدك والنجاح نجاحك والفشل ايضا

التفكير العاطفي

كأحد أسباب الفشل المرتبطة بعدم معرفة من انت وما تريد وايضا ما يؤثر فيك مثل العاطفة ولعل اكثر عاطفتين تؤثران فينا كبشر عاطفة الكره يتبعها عاطفة الحب

لعل تلك العاطفة عند النساء اكثر ولعلها بين الجنسين المختلفين اكثر

تحدثت في أحد كتبي عن هذا الموضوع اذكر كتاب مبادئ السيطرة في الفكر المعاصر بالعربية ونسخته الانجليزية ايضا بعنوان اي بي سي اوف اي بي سي

لكن دعنا نعيدها حينما نفكر ونتخذ قرارا ونذهب ونعود ونطرح فكرة ونصدر حكما ونأخذ نصيحة هناك الكثير من العواطف بداخلنا تؤثر علينا فمثلا ان شخص تكرهه نصحك وانت ترفض نصيحته هو لا يكرهك فقط انت تفعل وانت تتجنب نصيحته ليس لانها لا تناسبك بل لأنك تكرهه

او علي العكس حينما تدعوك فتاة جميلة لفعل شيء ليس بالضرورة صواب وتفعل مجرد عاطفتك اليها..

القلب يضخ الدم في اوعيتنا الدموية وهو ايضا مصدر العاطفة لدينا

فلك ان تتخيل كم قرارا اتخذته بعاطفتك

كم مرة وقفت عن قرار لعاطفتك او قبلته لعاطفتك انا لا اضرب امثلة هنا لأني متأكد انك فعلت الكثير ويمكنك عدها وانا ايضا فعلت

لذا يا عزيزي في المرة القادمة التي تتخذ قرار لا تتوقف عن عاطفتك فهذا لن يحدث بل اعد النظر بمنظور عقلاني قس بمقاييسك مدي نجاحك ومدي فشلك حين تذهب للزواج ضع معايير تبحث عنها والا فستغرق في عواطفك فنحن في تلك الفترة من الثامنة عشر عاما وحتي السادسة والثلاثون اي شخص من الجنس الاخر سيستميل قلوبنا ببسمة منه او ابتسامة

اما العاطفة في العمل فلعلي اذكر لك هذه الصورة

ممثلة في رجل مطافي وشرطي يذهبون فيجدون المكان مشتعلا فيجلسون ويسلمون علي بعضهم البعض

الأمر قد يكون غريبا لكنه يحدث بصور متعددة في داخل المؤسسات والشركات

فكثيرا ما تجد الموظفين بينهم علاقات صداقة وحب اكثر من انتمائهم للمؤسسة نفسها ولذلك تجد تلك الجملة كثيرا"هي شركت ابونا..... متولع"

هذا قد يبدو جيدا لكلا الموظفين لكن ماذا عن الثالث الذي يعمل بشكل صحيح ومتكامل حين تسوء الهوية الجماعية للشركة

لا اقول ان العاطفة تختفي من الشركات بل علي اقل تقدير ان تكون الاولوية للمؤسسة

التقليد الأعمى..

لا زلت اذكرك واختم بهذا العنوان التقليد الأعمى كسبب من أسباب الفشل التي تنتمي لعائلة جهلك بنفسك من انت وماذا تريد ومدي تشابه ما تفعله مع ما يفعله الاخرين.

الغريب انك من الاساس ليس مرحبا بان تفعل ما يفعله غيرك وان تكون هذا الترس تقنع نفسك انك موظف مثالي في شركة وانك يكفي ان تعمل العمل بشكل صحيح لتترقي او لتحافظ علي وظيفتك بالطبع هذا هيستبدلك بترس ميكانيكي او اداة ذكاء اصطناعي

لكن الأمر لا ينتهي هنا فحتي حينما تذهب لتفتتح مشروعا او تبدا في تطوير نفسك انت اعتدت علي التشابه والتقليد

ولعلي اكررها انت في مجتمع يشجع علي هذا

تذهب الي الابتدائية في فصل جماعي ثم الاعدادية ثم الثانوية ثم تفهم انك ستفكر في الكلية فتجد هذا الشخص او ذاك يمنعك من التفكير بل عليك حفظ نظريات بأسماء قائليها واكمال جداول من الف خلية لمجرد درجة هو تقليد اعمي بلا فائدة

اين ابداعك وفكرك وما الجديد ...؟

في كل مرة تفكر في الخروج من الصندوق تتهم بالجهل وغيره لمجرد الاختلاف

لكن لا بأس يا عزيزي ان كان النجاح يتطلب منك اختلاف فاختلف وان كان المجتمع يتطلب منك عدم اختلاف فاخفي مذهبك وذهابك ان نجحت اعلنت نجاحك وان فشلت فلا تخبرهم فسيشمتون بك ويلومونك ويدخلوك في دائرة الفشل والاحباط

وكل مرة تعرف نفسك بشكل صحيح وتجيب علي هذه الاسئلة بدون استعجال النتائج بعيدا عن العاطفة واخذا بالنصائح المناسبة واخفاءا لمذهبك ولتجنبك لإظهار اختلافك رغم انك تفعل

لا اقول انك تنجح بل انك علي الاقل لن تكرر اخطاء غيرك..

الفصل الثاني

يناقش هذا الفصل أسباب الفشل المرتبطة بالبيئة ولعلي لم اكثر في مناقشتها كون اني مؤمن تمام الايمان ان المؤسسات والأشخاص الناجحون يمكنهم فعل ذلك حتي في البيئات الفاسدة رغم الصعوبة لكن لنقل ان تلك الأسباب تتضمن البيئة المحبطة وصولا للفساد المجتمعي ومرورا بالعشوائية والمحسوبية ونقص الموارد والاحتكار الجمعي وعدم تقبل الاعتراض والتدخل الغير مبرر في الخصوصيات

ربما الكثير من أسباب الفشل المرتبطة بالبيئة لكني ركزت علي اهم الأسباب التي يصعب تخطيها ويجب تجنب التواجد بها اما غيرها فيمكن للإنسان التغلب عليه بل والاستفادة منه احيانا..

البيئة المحبطة..

انا هنا لا اتحدث عن البيئة المكانية بل مكونات البيئة من أشخاص يكونون سبب للفشل بإحباطهم لك طوال الوقت بكلمة او بفعل او حتي بأسلوب

لازلت اتذكر ذلك الشخص في بيئة العمل في مكان ما الذي قال لي يوما سالته عن رأيه في اقتراح ورد لا "مينفعش طبعا"

لم اكن اسأله عن الامكانية فقد كانت لدي الطريقة فجلست احاوره وهو يجادلني " لا مينفعش طبعا"

ثم ما ان طرحت الفكرة علي زميل له فاذا بالفكرة قد قبلت ونالت اعجابا وبدأت التنفيذ وانتهيت وارسلت لهم العمل لكن هي بيئة محبطة لا اقول شخص محبط

فنفس الشخص الذي رفض الفكرة لما نفذت كأنه تعامل بعاطفته معها وهو يقول "لن تنجح فكرة ما دمت رفضتها في الاساس"

واذا به اشهر واشهر و اشهر دون مراجعة العمل بحجة الوقت

حتي انتهي العمل بلا عمل وتجنبا للصراع والجدل انهيت وجودي في بيئة كهذه..

ربما ذكرت لك مسبقا ولازلت اكررها

نعم نحن نعيش في الأرض وليس الجنة

هنا يكون الاحباط والظلم والبيئة السيئة لكن لا بأس انت قادر رغم ذلك لان مشاكل البيئة المحبطة ليست امامك فقط بل امام كل الناس وهي من الاشياء المشتركة بنفس الطريقة بين اغلب حالات الفشل

والحل غالبا

اهرب.....

وهاجر واترك تلك البيئة المحبطة

ربما تقرر التحدي والتجريب لكن الاحباط في البيئة لا يكون لدي شخص او اثنين بل هو اطار عمل متكامل متي بدأ اصبحت حالة من التكرار هذا يحبط هذا وذلك يحبط هذه

في بيئة كهذه يصبح مجرد الاقتراح غير ممكن والتنفيذ ان كان ممتاز سيكون فيه عيبا

لازلت اذكر هذه التي قلت لها استخدمي "تكنولوجيا الكيو ار" في الاتصال وطلب الرقم ردت بكل جرأة وجهل "وافرض مفيش نت..؟!"

مجرد التواجد مع أشخاص هكذا يحولك من شخص يحاول لشخص محبط ومن شخص ينتقد لشخص يري الأمر طبيعيا

من شخص يخترع المصباح لشخص يري ان الشمعة هي الاكثر استخداما اذا هي صواب

هي بيئة محبطة وأفضل نصيحة غادرها انت لست شجرة

الفساد المجتمعي

بـالنظر الي الفساد المجتمعي كأحد أسباب الفشل المرتبطة بالبيئة فيمكن تعريفه علي انه حالة من الانهيار الفكري والاخلاقي داخل المجتمع يتحول فيها الرأي السديد الي منكر والاختلاف والشذوذ عن القاعدة الي الحاد وكلمة رأي تعني خيانة وكلمة فكر تعني كفر وكلمة لا اسوء من القتل وتتحول الاصوات العالية غير المبررة الي طبيعة وكلمة امور شخصية الي اهانة

هنا يصعب ان نقول ان هذا سبب للفشل لأنه ببساطة مرتع له يحول الفساد المجتمعي دون اي نجاح ويري اي فكرة هي خطر ويتحول كل مغير الي مطرود وكل محاول الي غبي منكر

هنا تري امام عينك فساد الاخلاق البيئي ممثل في النفاق فهذا كان حبيبي وبمجرد خروجه تسمع" منه لله ال رماك علينا" واخر مصطفي ده حبيبي وبمجرد خروجه " مصطفي ده ارخم إنسان.."

انه الفساد الاخلاقي, اما عن الفساد الفكري فلعل تلك الجملة هي اسوء ما سمعت حين طرحت فكرة علي زميل يوما ما ورد قائلا " متغيرش نظام المكان"

كأن هذا الحال من اللا نظام هو نظام سماوي لا يمس

ثم هذه الاصوات العالية ربما انت تنظر اليها انها فساد اخلاقي لكني انظر ايضا الي تلك الاصوات العالية بلا مبرر انها هدر للطاقة وهي فساد فكري وتشتيت للحضور واهانة للحاضرين وتقليل من الهوية المجتمعية للمكان

لكن ماذا عن ذلك المطرب الشعبي وصوته يرتفع في المكان و فتاتين وشاب وباب مغلق..

لا انظر اليه انه فساد اخلاقي وان كان بل ايضا فساد فكري واضاعة للوقت وقت الفاعلين والحاضرين وسمعة المكان كذلك تهدر

هنا ليس هذا هو سبب للفشل كما تحدثت وانما هو مرتع له وبيئة خصبة

لكن ما هو سبب الفشل في الفساد المجتمعي اذا....؟

السبب هنا هو ان تتواجد في بيئة كهذه وتظن انك مصلحها او التعديل فيها الأمر كما تحاول تحلية ماء المحيط ربما الأمر ممكن فكريا ونظريا لكنه عمليا غير ممكن واساسا لن تحتاج لفعل هذا لأنك ببساطة يمكنك فعل الحل الاوحد في مثل هذه المشاكل المرتبطة بالبيئة والتي تسبب الفشل

غادر البيئة واذهب الي اخري...!

حيث يعينك صحبة صالحون بدلا من ان يحبطك هذا ويسفهك هذا وقد يصل الأمر من كرههم لك لكيد المكائد لك كما فعل مع نبي الله لوط.. "اخرجوه من قريتكم انهم اناس يتطهرون"

تذكر يا اخي فانت الان ربما تعرف من انت ما اهدافك وما تريد انت تفعل وما هي خطتك ....؟

فأن كانت خطتك تعتمد علي المكان والأشخاص فعدلها والا ففي الحالتين غادر تلك البيئة الفاسدة

العشوائية

كأحد أسباب الفشل المرتبطة بالبيئة فالعشوائية هي تلك الحالة من النظام الغير مخطط وربما اللا نظام التي يتلاشى فيها الحدود في التعامل ويتجاهل فيها الأشخاص او يجهلون غرضهم من الوجود في المكان و غرض تعاونهم

هنا كما ذكرنا يمكن لشخص ان يسكب الشاي علي ورقة لعميل وبدل من اي يطلب نسخة منها يتجاهلها ويقسم انه لم يتلقاها و هنا يمكن لشخص ان يفعل الشيء وينسي فيأتي اخر ويفعل الشيء نفسه وكلاهم مكث يوما كاملا في العمل وتجدهم يشكون ان الوقت لا يكفي

هنا يتحول طلب بسيط من شخص ان يرسل له رسالة قبل الاتصال الي جريمة وتسمية الملفات بعناوين الي مضيعة للوقت

هنا ان تقول لشخص في بيئة العمل "لا تمشي مسرعا ولا تهرول عبثا داخل المكان" الي جنحة

هنا تتلاقي الالفاظ وتزال الالقاب ليس لألفة القلب بل لان كل منهم يري في توقير الاخر اهانة له تتحول كلمة "حضرتك" الي شتيمة

هنا اصحاب مهن لا أحد يعرف عنهم

هذا بالنسبة للمؤسسات اما للأشخاص فعشوائية البيئة تختلف

فهذا الشخص الذي ترى الملفات في هاتفه غير مرتبة

وتري الرسائل التي يرسلها لغيره كل رسالة معدلة ٢٠ مرة الرسالة الواحدة في خمس رسائل

عشوائية البيئة تعني غياب النظام في الحياة يعطيك ميعاد هو يحدده ثم لا يأتي وينسي كذا وكذا ويبدا بكذا

العشوائية الشخصية حقيقة لا يمكن شرحها فمجرد اسمها يدل عليها

وهي سبب من أسباب الفشل

المحسوبية

كأحد أسباب الفشل المتواجدة في البيئات والتي يمكن تعريفها تقليديا علي انها دعم وخدمة الأقارب واصحاب العلاقات اكثر من عامة الناس سوآءا في التوظيف او توجيه الخدمات لكن علي الجانب الاخر فالمحسوبية المراد ذكرها هنا هي محاباة افكار اصحاب العلاقات والتابعين ودعم افكارهم ومعاداة من يخالفهم لمجرد انهم تابعين ليس الا..

والمحسوبية هنا لا تكون عامل وسبب فشل لمن يعيش في بيئة تعاني المحسوبية بل ايضا الشخص الذي يجامل شخصا بمحسوبية ويأخذ رأيه ويدعمه هو الاخر ربما يفشل لهذا السبب

تخيل لو ان موظف عاما عمل علي تعيين أحد اقاربه في شركة ما بالمحسوبية وهذا الموظف المعين اخطأ كثيرا فسيكون هذا سبب في سوء النظر اليه كموظف لأنه وصي بهذا الشخص الغبي

هذا في الشركات الجيدة لكن في الشركات التي تعاني من الفساد فربما مدير الشركة والموظفين زميلين في نفس الدفعة او اولاد عم او نسايب ولن يحاسب أحد ولن ينظر أحد او يراجع..

لكن ما هي النقطة المحورية التي تعد سبب الفشل في المحسوبية

ببساطة هي عدم تساوي الفرص في المكان بالتالي لن يهم مجهودك ان كنت تعمل بجد او تقدم افكار او تعمل علي الارتقاء

الاهم هو اخ او قريب المدير

وربما المحسوبية لها مفهوم اخر غير مفهوم القرابة وهي محسوبية الفكر

فبعض الناس تميل لدعم من يو اليهم الرأي لا من يقدمون العمل الجيد

هنا الاهم لتكن محسوبية ان يكون هذه المحاباة والموالاة مع العلم ان الشخص الذي يعترض علي حق

لكن لا يهم واقعيا بالنسبة لك

الاهم انك متي وجدت محاباة لمتفقين الرأي او محاباة للأقارب فأعلم انك في المكان الخطأ لتطوير ذاتك واطلاق العنان لافكارك وابداعك

خد اول باب واهرب من تلك البيئة

نقص الموارد

كأحد الأسباب البيئية للفشل حقيقة في مستوي معين تصبح سبب للفشل لكن قبل هذا المستوي يمكن التغلب عليها فمثلا ربما البيئات الصحراوية مع المطر يمكن زراعتها لكن ماذا دون المطر

هذا هو اقرب مثال فتخيل لو انك تعمل في شركة لا توفر انترنت ولا اجهزة حاسوب ولا مصعد ربما جهاز "اللابتوب" يكفيك لكن ماذا ان كانت البيئة لا توفر حمام او ماء او حتي مكان ظل ماذا لو لم توفر مواصلات

حينما نتحدث عن مستوي فاصل بين نقص الموارد كسبب للفشل ونقص الموارد كأحد التحديات فهذا الحد يختلف من ثقافة لأخرى ومن بيئة عمل لغيرها

هنا لا اقول لك اترك المكان بل علي الاقل ابدا المحاولة فطالما انه لا يوجد سبب اخر من الأسباب البيئية فيمكن ان تكمل وتصل وتحقق هدفك سواء كمؤسسة او كشخص مع كثير من الابداع وقليلا من الصبر..

الاحتكار الجمعي

وهو ببساطة ان يكون جميع من في البيئة متفقون علي فكر وراي وأحد تجاه قضية معينة ويحتكرون كل اعتراض عليها سواء اعتراض فكر او فكرة وهم بذلك يمنعون النقاش ويقللون من شأن كل من يقترب من هذا الموضوع او يعترض عليه وربما يتهموه او يكيدون له المكائد لإجباره علي الخروج في هذه الحالة للأسف سينجحون لان الحل الأفضل في اغلب مشاكل البيئة هو الخروج فانت لا تواجه فرد يمكن اقناعه بل راي الجماعة يتحد علي الاحتكار هنا وهنا الحل الاخر كما تحدثت مسبقا هو اخفاء مذهبك لكن عليك ان تدرك ان اي محاولة لإظهار رأيك في

تلك الفكرة سيواجه باحتكار حتي يمكنك اثبات فكرتك وعندها تستطيع المواجهة
ولكن يا عزيزي عليك بالحل الاول فحتي بعد ان تنجح في اثبات رأيك لا يكفي
فالكيد كل الكيد سيكون لك و هنا يتحول ويحول الاحتكار كأحد أسباب الفشل

عدم تقبل الاعتراض.

البيئة التي ترفض الاعتراض هي بيئة جامدة متخلفة فلو لم يعترض اديسون
علي مشاعل الشمع لما اخترع الكهرباء

ولو لم يعترض علي الشر لما اصبح القضاء العالمي والانتربول وغيره
موجود

الاعتراض وعرض المشكلة هو اول الحل واول خطوات التغيير

هنا في هذه البيئة التي ترفض الاعتراض ربما تسمع كلمات مثل "ماهي ماشية
ليه توقفها"

او "متخترعش"

وكأن العالم من حولنا سيوقف تقدمه ان لم نتقدم وان الاختراع تهمة

وكأن الناس قد اعتبروا ان الوضع الحالي أمر سماوي البعض حتي يعترض
ويرفض ان يفهم ان التغيير والاعتراض سيكون في مصلحته

حتي ان البعض ربما يقرر ان يسد اذنيه لرفض اي اعتراض لمجرد انه
منخرط في البيئة من حوله لم يعد يري اهمية للتغيير منغلق علي نفسه كأنه لا يمكن
تغيير شيء

الفكرة الغريبة ان المعترض لا يعني باعتراضه رفض النظام القائم كليا بل
هو كل ما في الأمر ربما يريد تعديلا بسيط مدروسا

الأمر هنا انما هو جمود وتخلف ومحاولة بائسة للمحافظة علي الوظيفة خوفا
من التطور الذي يقلل من عمله

لعلي ذات يوما عرضت فكرة علي أحد الزملاء وردت ردته الغريبة
"امال احنا هناجي نعمل ايه..؟"

وكان المشكلة ان انت بسطت العمل في نقص الفعل المطلوب رغم انهم والله
كانو يشكون طوال الوقت ضياعه

ورغم ان تلك المحاولة تقصد المحافظة ربما علي مكانة الموظف ووظيفته
في وجه التطور فانها احيانا تؤدي الي انهيار المؤسسة كلها و هنا يفقد كل موظفيها
وظائفهم وهنا تجد ان هذا سبب لفشل المؤسسات

لكن الأمر مختلف علي مستوي الأفراد

فهنا الأمر يشبه برفض النصيحة وجمود الفكر

كل ما عليك يا عزيزي لتجنب هذا السبب من أسباب الفشل هو ان تتجنب هذه البيئة التي لا يتقبل فيها الاعتراض وتتقبل النصيحة علي الاقل ان تسمعها وتفهمها وتبعد هؤلاء الذين يرفضون النقاش من حولك فهم فساد فكري لك وربما يحبطوك..

التدخل الغير مبرر في الخصوصيات

بينما كنت جالسا اذا بشخص يقف الي جواري وينظر في شاشة حاسبي ويسألني "بتعمل ايه .....؟"

حقيقة لم اجد رد سو اني اغلقت الشاشة ورديت لا شيء

الخصوصية ليست فقط شاشة هاتفك و انما هذا الشخص الذي يتصل بك ويقول ما لا يهم و ان قلت له مشغول تسمع سؤاله "بتعمل ايه ....؟"

التدخل في الخصوصيات ربما هو زميل يطلب من زميلته ان تجيبه "لماذا ترتدي الحجاب هذه رجعية" والتدخل في الخصوصيات ربما هي مكالمة تحدث فيها زميلا فتجد في نهاية المكالمة شخص يناقشك فيها

التدخل في الخصوصية احيانا يكون بالاقتراب اكثر من اللازم

حقيقة لا افهم كيف يقترب الجنسين لما دون المتر والنصف وكيف اصبحوا يضرب بعضهم البعض ويجرون خلف بعضهم

هي اشكال متنوعة من التدخل في الخصوصيات كسبب من أسباب الفشل لكن النقطة المحورية ليست في ان يتدخل أحد في خصوصياتك بل حينما ينتقل هذا الوباء اليك وحينما تنشغل انت بمراقبة هذا وسؤاله عن حاله وشخصه وتهتم بتفاصيله

عزيزي

تجنب البيئة او لا تتجنبها هو ليس بالأمر المباشر كسبب من أسباب الفشل لكن اياك ان تصاب بالعدوي فتذكر دائما من انت ماذا تريد وما هي خطواتك وما هي مهامك لست بحاجة لتنشغل باحوال غيرك

في النهاية يا عزيزي تذكر ان مشاكل البيئة يصعب مواجهتها واغلبها يكون حله الخروج منها بلا جدل مع العلم ان المشاكل غير المذكورة غالبا ما يكون التعامل معها ممكنا حتي وان كان يبطئ ويثبط من النجاح ويجعل الفشل اقرب للحدوث لكنه لن يكون سبب اساسيا

الفصل الثالث

يناقش هذا الفصل العادات العشر الاكثر تسببا في الفشل كون ان تلك العادات تعتبر في حد ذاتها أسبابا تحول دون نجاحك تبدا بإغلاق الاذن او الحديث اكثر من الاستماع والقراءة وتنتهي بكثرة الشكوى والانتقاد مرورا بالاعتماد علي الذاكرة في الخطط واللسان البذيء و سرعة الغضب و سرعة الاستنتاج والاستعجال والاستيقاظ مؤخرا بلا مبرر والروتينية و التفاؤل او التشاؤم او العاطفية في التوقع ويناقش مواقف في كل سبب منهم وكيف يمنع هذا السبب من تحقيق مرادك

إغلاق الاذن

إغلاق الاذن كأحد أسباب الفشل هي ظاهرة منتشرة جدا هذه الايام فلعل الكثيرين لا يفكرون ولم يعدو يسمعون النصائح او يقرأون او يسمعون لغيرهم تحت مسمي التجربة والخطأ لكن بالله كم عمرك لتقضيه في التجربة والخطأ ....؟

كم لديك من الوقت لتجرب كل شيء بنفسك....؟

الأمر اشبه بالمستحيل فلا يمكن ان يقرر الإنسان التوقف عن التعلم من الاخرين

يحضرني موقف لن انساه يوم ان قال لي أحد الأشخاص حينما وضحت له امرا بسيط انا خريج كلية س

لا اعرف ماذا يقصد هل يعني انه خريج كلية س انه اكبر من النصيحة ام انه اكبر من التعلم ام انه تكبر علي ان يأخذ نصيحة مِن مَن هو اصغر منه سنا ربما كان الخطأ اسلوبي لكن بكل تأكيد فإغلاق الاذن والتوقف عن القراءة والاستماع والغوص في تجارب الاخرين والتعلم منها هو أحد خطوات النجاح ليست خطواتهم الفاشلة فقط بل كل خطوة يقع فيها إنسان او يخسر فعليك التعلم منها فالإنسان الناجح من عاداته القراوة والتعلم والسؤال والاستماع

ولا اقول لك انه عليه التنفيذ بل علي الاقل الاستفادة من خبرات الغير فلربما ما يريد ان يفعله قد فعله غيره ربما يفكر في مشروع وقد اقيم وربما يجد فكرة اكثر فائدة بخصوص تطوير مشروعه

فلو كان التعلم والاستماع فقط يقوم به الجاهل للعالم لما قال الهدهد لسليمان عليه السلام "احطت بما لم تحط به"

الإنسان يقضي حياته متعلما بل ان الإنسان كلما ذاد وعيه ادرك كم هو قليل العلم في هذا الكون الفسيح

اذا ما المشكلة التي تقود للفشل ...؟

هي عدم قدرتك علي الاستماع للأخرين في افكارهم وشرحهم

وما الحل الا ان تجرب وتزيد من اوقات سماعك ومن ثم تفكر اي منها تنفذ واي منها لا يناسبك

كثرة الشكوى والانتقاد..

كثرة الشكوى والانتقاد هي أحد العادات السوء وقد يسأل سائل "كيف لا اعترض علي هذا الجهل واسكت علي هذا التخلف ...؟

الأمر بسيط كفكرة لأنك حين تعترض في بيئة يسود فيها هذه الفكرة ببساطة اولا لن يهتم أحد لاعتراضك بل الاغلبية تري اعتراضك سخف وربما الاغلبية منخرطون في ما هم فيه من فساد مجتمعي ربما هم موافقين عليه وربما هم يخافون من الحديث كما يمكن ان تفعل انت مخافة التعرض الاحتكار الفكري لهم

ببساطة الأشخاص العاقلين يقدرون افكارهم جيدا اما ان ينفذوها ويفاجئوا الجميع او ان يخفو مذهبهم ويتعايشون في سلام مع هذه البيئة بدون تحقيق نجاح او فشل في صمت

والفاشلون اما ان يندثروا في الفكر وينسوا فكرهم واهدافهم ومبادئهم او انهم يتحدثوا بصوت عالي ويتعرضوا للاحتكار وحينها يفشلون لان اغلظ درجات العقاب المجتمعي تعود عليهم في تلك البيئة الفاسدة داخل المؤسسة

اما علي المستوي الشخصي فالشخص كثير الشكوى يضيع وقته بدلا من محاولة ايجاد الحلول هو يضيع الوقت في شكاوي لن تحورك ساكنا فقط ابدا بنفسك وانطلق في صمت مدقع حتي تحقق مبتغاك طالما ان هذا يخدم فكرك ومذهبك

لكن الشكوى والانتقاد بصوت عال مسموع سواء للأفراد او المؤسسات لن يفيد أحدهم الا افادة عكسية وكثيرا ما يتعرض اصحاب الشكاوي لجرعات انتقامية ويشربون كأس المشاكل المصطنعة المزخرفة بصغريات الامور

او يتعرضون لأساليب الاهانة او ربما الشكاوي المقابلة لشكوي الشخص.

اسال نفسك ماذا اريد ...؟ من انا....؟ وكيف انفذ .....؟ وهل الشكوى تحقق لي مرادي ..؟

هل أحد سيتحرك ام اني فقط كما يقول البعض انبح بينما القافلة تسير في الاتجاه المعاكس....؟ وحيث ان تلك الشكاوي تقع في منطقة العادات فمع الوقت سيتحول انتقادك وشكواك لصمت متقن تصبح عادة تعمل في صمت بلا شكوة وتستثمر وقتك في الحل لا الشكوى او تترك المؤسسة التي تشكو منها في صمت ايضا..

الاعتماد علي الذاكرة في الخطط..

كم مرة قلت انك تخطط لفعل شيء عظيم ولم تفعل...؟

وكم مرة جلست مع نفسك وقلت ستحصل علي دورة تدريبية ونسيت...؟

كم مرة استيقظت مبكرا لتفعل الكثير من المهام ووجدت نفسك الساعة الثانية ظهرا ممسكا هاتفك وتتصفح الفيسبوك...؟

وكم من هذا وذلك .....؟ وكم مرة اخذت ميعاد مع شخص وزيارة لأخر ونسيت..؟

الذاكرة الإنسانية قصيرة وضعيفة وحقيقة هذه ميزة تمنح لك فرصة التخلص من المشاكل والضغوط النفسية لكن حين يتعلق الأمر بالخطط واجابة هذا السؤال عن نفسك من انت وما هي اهدافك او حتي المؤسسات في ما يتعلق رؤيتها و رسالتها

يصبح الأمر كارثيا

حينما تكون بلا خطة تكون اكثر قابلية لإضاعة الوقت علي الاقل لأنك لا تتذكر طول الوقت ما تفعله واحيانا لأنك تظل طول الوقت مضغوط علي ان افعل وافعل ويجب ان انهي والساعة جاوزت الخامسة و الخ

هنا لابد من ان تكون خططك مكتوبة ومعلوماتك عن نفسك مدونة او مكتوبة حتي وان كانت الكترونية علي هاتفك حتي تعود اليها

لا انسي يوم ان اهداني صديقي كتاب بعنوان سيكلوجية البيع تعلمت منه ان اكتب خطتي وانا الان اكتب كتاب هو الرابع لي ضمن خطة استمرت لسنتين

اذكر اني كثيرا ما نسيت الخطة او انحرفت عنها لكن لأني كتبت خطة مدرج بها رؤية ورسالة واهداف عامة لحياتي ووضعت ٢٠٠ هدف لحياتي خلال العامين المقبلين ها انا انهيت للتو او مشرف علي الانتهاء من العام الاول والان قد انهيت ٧٠ بالمائة من الاهداف..

هي اهداف لا اظن ولم أكن اتخيل ان انجزها بدون تدوين خطة لي

كلما احسست بالملل من حياتي اعود اليها وانظر كم قضيت ووصلت من اهدافي فاشعر بتحسن

وكلما بدا شهر وضعت مجموعة من الاهداف اعمل عليها

قد قسمت كالعادة كل مهامي لأربع طبقات الاولي "١" وهي عاجل ومهم ويجب فعله والاخيرة ليس عاجل وليس مهم وهي غالبا لا افعلها الا للترفيه

ام الثانية فهي مهم وليس عاجل والثالثة عاجل وليس مهم

لكن احظر في طبقة المهم ليس عاجلا ان تركته وراكمته يتحول وقت ما الي عاجل ومهم

الاهم في الموضوع ان تريح عقلك وتنظم حياتك وتكتب افكارك لتعود اليها حينما اردت او بعدت عنها

ونهاية كل يوم ضع اهدافك لليوم التالي لتفعلها ربما لن تكتمل لكن لا باس فانت حاولت ولم تضيع وقت كما كنت تفعل

اللسان البذيء

كأحد العادات التي تؤدي للفشل هو اللسان البذيء او بجملة أخرى الاسلوب الوقح سواء في الاعتراض او حتي المزح

هنا لا اعني النفاق في القول هو الجيد لكن ببساطة الفرق دائما ما يتضح من اسلوب الإنسان في الحديث فلعلك سمعت ذات يوم "لقد اهانه هذا الشخص بأسلوب لطيف"

نعم انت من الممكن دائما ان تلوم وتوجه الاسئلة والاعتراض والشكوى لكن باسلوب جيد ولا اقول لك ان مؤلف الكتاب يفعل ذلك فهي مهارة صعبة للغاية لكن الكثيرين يتقنوها وهذا يعني انك ايضا يمكنك فعل هذا

فاللسان البذيء ربما يحول الكلام اللطيف الي سب وشتم ويحول المزاح الي شتم ايضا فيجعل البعض يتجنب الحديث معك من الاساس ولعل هذا مطلوب احيانا لكن حقيقة اغلب الاحيان الأخرى ما يتسبب في الفشل والاحتكار والسمعة السيئة وتجنب التواصل معك بل والشكوى منك احيانا لا اقول لك الزم النفاق بل اعتمد التورية ان استطعت حيث تلوم وتبيان انك تجامل وهناك اسلوب دائما انصح به رغم اني لا اجيده حقيقة وهو اسلوب التغليف حين تبدا كلامك بمدح وثناء للشخص ثم تظهر المشكلة والاعتراض ثم تغطي الأمر بمدح اخر وثناء..

هنا تتجنب اللسان البذيء كسبب من أسباب الفشل وفي الوقت نفسه تستطيع تقديم الانتقاد بسلاسة

لكن لماذا اللسان البذيء سبب في فشل الاشخاص...؟

ببساطة لان لا أحد يريد ان يسمع جملة انه مخطئ

فإما ان تغلفها ان امكن او تخفيها ان استحسن اخفائها وفي الحالتين الزم حلو الكلام خاصة مع المديرين ودعني اقول لك امرا في غاية الاهمية

البشر يحبون الحديث ببساطة وصدق مع من هم اقل منهم معرفة لذا كلما اظهرت جهلك للناس نصحوك بما لديهم و صبو عليك من علمهم ما يعرفونه ومن جهلهم ما يكثفونه في كلامهم ولعلي لا احسن هذا ايضا..

يبدو اني سأستفاد من هذا الكتاب مثلك يا عزيزي في تحسين اسلوبي في التواصل والبعد عن بذئ اللسان

سرعة الغضب..

ربما الأمر بأهمية ان يكون في مقدمة الفصل لكن لا باس به هنا

سرعة الغضب هي أحد اسوء العادات التي تقود الي الفشل

هنا لا ننظر فقط الي سرعة الغضب كنتيجة للمواقف الضاغطة في حياة الفكرة او حتي حياتك الشخصية بل سرعة الغضب ايضا من عدم تحقيق النتائج المرجوة سريعا

انت تفكر اليوم في حل لمشكلة مستفحلة وتريد غدا نتيجة جيدة او حتي تتحدث مع شخص فيهمل حديثك وتستشاط غضبا وتنسي ان الفكرة تظل تنفذ خطوة بعد خطوة لا يعني ابدا انك وضعت خطوات ان في كل خطوة ستظهر نتائج فالكثير يفهم ان الابراج اثناء بنائها تكون اول الخطوات خطة علي ورق لا تظهر ثم حفر يظهر لكنه يمكن ان يكون في الاتجاه المعاكس للبناء ثم وضع أساسات تكون هي الاكثر تكليفا والاقل ظهورا ثم بعد ذلك تبدا الادوار في الظهور هل تفهم كيف تسير العملية تلك في اي خطة

هل تفهم فعلا كيف ومتي يمكن ان تظهر النتائج ام انك مع اول تراجع لفكرتك واول اعتراض عليه ستنهار وتنسي كل ما فعلته

ربما الأمر الاصعب انك لست وحدك من تضع الخطط فربما انت تضع خطط لإنشاء مشروع وقبل ان تبدا بالتنفيذ تجد اخر قد بدا واحدا مماثلا.....!

هنا عليك الاعادة لامعان التفكير او حتي التعاون معه كشريك ان امكن او ربما البدأ في مكان اخر

الغضب لا يفعل شيء سوي اضاعة الوقت هنا

عليك ان تعود لخطتك وافكارك و هويتك من انت.؟ وما تريد..؟ وهل ما تريد له امكانية تنفيذ بفكرة وافكار اخري..؟

عزيزي

سرعة الغضب ليست الا هروبا من الواقع ونسيان لماهيتك وماهية افكارك الاساسية والتحول من إنسان له اهداف حقيقية في النمو لإنسان يعرف نفسه انه مهندس كذا او طبيب كذا او صاحب مشروع كذا متي فشل في هذا ذهب وبكي وكأنه خلق طبيبا او مهندسا او صاحب مشروع

عد ادراجك واعد التفكير وابدأ لا اقول من جديد ولكن من حيث انتهيت

سرعة الاستنتاج

ماذا لو ان إنسانا القيت اليه السلام ولم يرد هل هو غاضب منك او العيب فيك ...؟ ام انه ربما لم يسمعك او غيره ...؟

يعتبر العلماء ان رد الإنسان وردود فعله تعتمد عليه بنسبة اكبر بكثير من الاعتماد علي الفعل والفاعل

وبالتالي فالاستنتاج المتسرع هي عادة غالبا ما تقودك للفشل لان ببساطة مع اول خطأ لك ستيأس وربما العكس مع اول نجاح لك تخرج وتهلل وانت لم تكمل مشروعك بل فقط حققت تقدما

الاستنتاج السريع كأحد أسباب الفشل يعني الأخذ بمدلولات غير كافية لتوقع نتيجة ربما تكون نتيجة مأساوية تشعرك بالخزيان مع اول اخفاق لك فمثلا ان وضعت خطة يومية ولم يسر الأمر علي ما يرام فهذا طبيعي في البداية انت تجرب شيء لم تعتده بعد ايام ستعرف كم من المهام تتوقع ان تفعل وتقلل من الوقت الذي تهدره ربما اول نجاح لك انك قررت ان تخطط لحياتك وهذا في حد ذاته نجاح لا يفعله بل لا يعلمه الكثيرون

الأمر ايضا مرتبط بالاستماع الجيد

كثيرا ما كنت اقرا في كتاب واجد الكاتب ينسي شيء ما واود لو انه ذكره ثم ما هي الا سطور واجد الكاتب يتحدث عنه وربما يفعل ويذم من يفعلون هذا الشيء الذي كنت انتظره

فقط كن صبورا وستجد ما تريده وسيحدث ما خططت له هنا لاني اتحدث عن عادات فانا لا انصحك ابدا بالاستعجال فتغيير العادات اصعب ما يكون اصعب حتي من خلق عادات جديدة وخصوصا ان كنت فوق العشرين من عمرك

فربما العادة تمسكت من فعلك حتي اصبحت انت الاخر متمسك بها وصارت طبعا او تخلقت بها واصبحت جزا من شخصيتك

لكن الميزة ايضا انه رغم صعوبة تغيير العادة فانت متي صنعت ستستمر مع صعوبة ان تنساها

متي تعلمت الا تسرع الاستنتاج والا تسرع الغضب والا تستعجل النتائج فتلك العادات ربما تستمر معك الي الابد ولن تصبح مرة أخرى سبب لفشلك ...

الاستيقاظ مؤخرا بلا مبرر

احببت التأكيد علي عدم وجود المبرر في الاستيقاظ المؤخر ليكون سبب من أسباب الفشل فلربما ينظر أحد ويقول انا اعمل تمريض او طبيبا او غيرها واضطر الي

العمل ليلا هذه طبيعية عملي ولا يمكن ان اغيرها لكن علي كل حال فالاستيقاظ مؤخرا بلا مبرر هذا هو أحد أسباب الفشل المرتبطة بالعادات لأنك ببساطة حينما تعتاد ان لا تقوم من نومك في بداية اليوم فتغيب ارادتك في التغيير والعمل المخطط ماذا ان كنت تنام وتقوم بلا ميعاد...؟

وماذا ان كانت حياتك تذهب للعمل وتعود فتنام ثم تستيقظ متأخرا فتعود للعمل من جديد..؟

يا لها من روتينية ماكرة متعبة لمجرد التفكير فيها....!

متي تطور من نفسك ..؟ومتي تعمل ومتي تخطط لتخرج من مكانك كترس في مصنع الي صانع تروس

تقرر ربما ان تغير خط الانتاج وطريقة العمل او لربما امتلاك مصنعا

لا شك ان هذا يحتاج وقتا وانت بذلك تضيع وقتك ولا تمتلك الوقت الكافي للخطة والتطوير

ربما يردد أحد ويقول "لماذا لا اعود من العمل واضع الخطة في المساء..؟"

هيهات هيهات وهل تخطط بعد التنفيذ ....!

فعملك في ساعات الدوام ايضا يحتاج الي خطة والا فستعود من العمل وقد كلفك المدير بمهام لم تنفذها وتقضي ليلك تنفذ فيها

ومع عدم قدرتك علي تطوير ذاتك تصبح اقل الاعمال وابسطها عمل شاق يحتاج سويعات او ساعات

واي عمل ايضا يفعل في الليل يحتاج الي عدد اكبر من المعتاد

كيف والوقت هو الوقت ..؟

ببساطة الوقت هو هو لكن التركيز ليس هو هو

لذا فانت بعادات النوم متأخرا والاستيقاظ متأخرا بلا مبرر تضيع ساعات نشاطك الذهني في اعمال روتينية لا تحتاج التي تركيز ولا تخطيط بحجم ما يحتاجه العمل علي تطوير نفسك في الصباح

ولأنك لم تضع جدولا لنومك واستيقاظك ولأنك لم تضع خطة لما ستفعله في اليوم فلربما حدثك صديق في العمل لوجبة عشاء او مصلحة له تقضيها فتترك عملك علي تطوير نفسك او تخطيط مستقبلك لتروح معه وتنسي كل شيء عن من انت..؟ ماذا تريد ..؟ وعن خطتك للخروج من هذا الترس ..؟ ودورك الذي ان لم تتخلي عنه بتطوير نفسك تخلي هو عنك باستبدالك بأداة ذكاء اصطناعي او موظف اخر يستطيع تنفيذ أفضل مما تنفذه ويحسن النتائج

او حتي ربوت ذكاء اصطناعي او منظومة ميكانيكية في المصنع

لذا يا عزيزي توقف عن العمل العشوائي والنوم بلا ميعاد والكلام الذي لم تنفذه توقف عن الخطط الغير مكتوبة ما دام بإمكانك الاستيقاظ قبل بدا العمل بساعات فافعل بخطة لتخطط يومك وتقرر اي ساعات العمل تقضيها في تطوير ذاتك واي الاعمال بالنسبة لك من الدرجة "ا" واي منها من الدرجة "ب" او "ج" او "د" كي تركز عل المهام المهمة وتستبعد المهام د الغير مهمة والغير عاجلة

فاليوم هو هو تقضيه ويقضيه غيرك الفرق انك تستهلك ساعات نشاط عقلك في اعمال روتينية وتنوي التخطيط في ساعات ينقص فيها نشاط عقلك ورغم ان هذا كافي لتقليل نشاطك وفكرك فانت بلا خطة في الصباح غالبا ما تنسي الجلوس والتفكير في المساء وتدور الدائرة.. هل فهمت لماذا الاستيقاظ مؤخرا بلا مبرر أحد أسباب الفشل؟

الروتينية

الروتينية هي ببساطة الدخول في حلقات تكرارية من الروتين التقليدي وان تتحول من شخص يطور من نفسه لشخص يقضي يومه كله في العمل

ربما انت تكسب في كل ساعة عمل دولار اليوم وهذا يدعوك للعمل ١٨ ساعة في اليوم وبذلك انت تحقق ما تريد من مال وهذا جيد لكن ماذا بعد عام او عامين

هنا يوجد شخص اخر او أشخاص كانوا يعملون ١٢ ساعة وطوروا من نفسهم في الست ساعات يوميا فبدل من ان يفعلوا ما تفعله في ساعة في ساعة مثلك هم يفعلونه في نصف ساعة

فهم الان يكسبون في ال ١٢ ساعة كأنهم يعملون ٢٤ ساعة بينما انت تعمل ١٨ ساعة كما انت وانت لا يمكنك العمل ٢٤ ساعة

ببساطة هي الروتينية فسواء كنت تعمل مقابل المال او تعمل لصالح نفسك في مؤسستك فالعمل وقت معين وتخصيص وقت لتطوير ذاتك سيعمل علي زيادة راتبك علي المدي الاطول بخلاف الروتينية

الروتينية ستعمل علي أكسابك الكثير الان لكن هذا الكثير سيظل طوال حياتك ثابتا او تمني ذلك

فلربما منافسك هذا الذي يكسب في ال ١٢ ساعة عمل مقابل ما تحتاج انت للعمل ٢٤ ساعة لكسبه يخفضون ما يطلبون من اجر مقابل كل مشروع او حتي يزداد العاملون في المجال فيزداد عارضي الخدمة ويقل معدل الراتب في القيمة فتجد نفسك لم تعد تحصل على ما كنت تحصله رغم اند تعمل نفس الساعات التي تعملها وهي الحد الاقصى

باختصار الروتينية هي تحويل حياتك للعمل فقط من اجل المال بلا تطوير نفسك

تطوير نفسك هو الاستثمار الحقيقي والذي يتم من خلال الخروج من روتينية العمل

هنا لا اقول لك اترك عملك بل لديك يوم اربعة وعشرون ساعة تحتاج للنوم ست ساعات وللعمل يوميا بحد اقصي ١٢ ساعة

اذا خصص خمس ساعات خمس ايام في الاسبوع او اكثر او اقل لتطور من نفسك وتتعلم الجديد

لا اقول العلم فقط بل الجار علم او ما يسمى "بالميتا ساينز" وبالتالي بعد فترة سيتراكم العلم لديك بدل من الحاجة للعمل ساعات ستحتاج اقل ويتوفر لديك وقت رغم انك تكسب اكثر مما كنت تكسب وهذا هو الاستثمار في النفس

في عالم البزنس او الاعمال ان قضيت حياتك كلها تعمل فاقصي ما تعمله هي مدة حياتك لكن بالاستثمار في نفسك فانت تستطيع ان تعمل اضعاف حياتك وانت مسترخي لأنك بفهم دالة في الاكسيل ربما توفر من يومك ساعات كل يوم تسجل ارقام هواتف العملاء وبدالة اخرة تمكنك من جمع ملايين الاجور

وبأداة ذكاء اصطناعي يمكنك انجاز عمل ايام وبتمكنك من الادوات في عالم الذكاء انت تعمل القليل وتنتج الكثير وسواء فعلت ام لم تفعل فغيرك سيفعل فان لم تطور من نفسك وتخرج من روتينك التكراري فستموت حزنا علي ما ضيعت من زمن في عدم تطوير ذاتك..

التفاؤل والتشاؤم

التفاؤل والتشاؤم رغم انهم متضادين الا انهم كأسباب الفشل وجهين لعملة واحدة تسمي البعد عن الاعتدال في التوقع

فلما اقول لك انت بحاجة لتطوير الذات وتذهب لتطور ذاتك وبعد اسبوع تتعلم وتزيد انتاجيتك فلا يمكن ابدا ان تتفاءل كل التفاؤل وتقرر ترك عملك شهر للتطوير من الذات لأنك ستتحول الي ايناشتين او انك بعد اسبوع من العمل علي تطوير ذاتك لم تحقق شيء فتنظر الي نفسك باستحكار وتقرر الاستمرار في العمل كما كنت تفعل بلا تطوير ذاتك متشائما مما يحدث

التفاؤل والتشاؤم لهم امثلة كثيرة كسبب للفشل لكن ذكرت المثال هذا لأنك ربما تتذكره من الجزء السابق

دعنا نتخيل انك انتجت منتج جديد في فرن للمخبوزات و الناس انهالت عليه هل يعني هذا انك تزيد انتاجه وتقلل من انتاج الاخر في اليوم التالي

ام انك تذيد انتاجه تدريجيا وتقرر حسب الانتاج والمباع كل يوم أيا تنتج كل يوم

الأمر هنا بسيط فكل يوم عليك ان تنظر وتراجع وتأخذ قياساتك لا تنظر الي خط النجاح او الفشل انهم يمتدان كما هم الان بل ان افعالك وتغييراتك وتغيرات البيئة المحيطة تغيير من منحني نجاحك وفشلك

خذ قياساتك قبل اصدار حكمك واعمل منطقك قبل اعمال قلبك

النتائج مبنية علي عمل ومراجعات

خذ اراء حقيقية من الناس وادرس طلبات السوق

ادرس كيف تجمع البيانات كما كنا نقول في "الميتا ساينز"

انت بحاجة الي المراجعة المستمرة لأفكارك وما حققت وما فشلت بدون استعجال النتائج ما دمت تعمل فحتما ستصل وانا هنا اتحدث عن عمل بخطة وتفكير لا عملا كالوقوف مرتكزا علي حائط لعلك تحركها..

الفصل الرابع

هذا الفصل ربما يكون الاقصر لأنه في الاساس يناقش سببا واحدا للفشل وهو عدم تحديد او عدم القدرة علي تحديد الاولويات في حياتك وكلاهما يؤثر بشكل اكبر من الاخر لأنه قد تجد انه يوجد تعارض بين امرين حينما تتخذ قرارا ما بين اثنين او اكثر من الأسباب فان فعلت هذا اقللت من هذا وبالتالي كان عليك فهم ايهما له الاولوية

في بداية الفصل دعنا نقسم ما تفعله في حياتك لأعمال تأتي عليك بعائد مادي مباشر مثل العمل في وظيفة او عمل ما مثل ذلك واعمال أخرى علي تطوير نفسك وهي تعود عليك بعائد مادي بشكل غير مباشر لأنها ببساطة تزيد من قدرتك علي العمل التقليدي في الوظيفة

قد يكون السؤال هنا ايهما اهم ....؟

وأحد يخمن العمل الذي يعود بعائد مادي غير مباشر او حتي العمل الذي يطورك لأنه يزيد من قدرتك

لكنه حقيقة سؤال خبيث فكلا الامرين مهم وبنفس الاهمية الاهم ان توازي بينهم وتتوازن في كلاهم حنبا الي جنب

لكن كيف نقسم الاعمال الي اولويات ...؟

ربما هناك اكثر من طريقة

لعل اشهرها هي المربع المقسم الي اربعة مربعات كل منها يحتوي تقاطع عمود الاهمية مع صف العاجلية

لتكن الاعمال عاجل ومهم وهي الطبقة "ا" وله الاولوية الاولي

ومهم وليس عاجل ولها الاولوية الثانية والدرجة "ب" وعاجل وليس مهم ولها الاولوية الثالثة والدرجة "ج" وفي اخر المصفوفة ليس عاجل وليس مهم وهي الدرجة "د"

فكيف اذا تسير حياتك بين تلك الطبقات من الاولويات وايهم الاهم في حياتك ...؟

حقيقة رغم ان الاولوية الاولي هي للدرجة "ا" العاجل والمهم لكن التركيز في حياتك علي المهم وليس عاجل هو الخيار الاصوب

لأنك ان نسيت الدرجة ب فتنتقل الي الدرجة ا مع الوقت حين يأتي ميعادها

اما عن الدرجتين الثالثة والرابعة ج و د فهم ليس بالأهمية الكبيرة بالتالي بالنسبة ل د فانت ربما تقلصها الي اقل ما يكون او تتجاهلها

اما عن ج فيمكنك تفويضها لأحد او حتي شراء اداة ذكاء اصطناعي لفعلها.

اذا قلنا ان حضور المحاضرات الدراسية هو عاجل ومهم في الثامنة صباحا فان الاستيقاظ في السابعة وربما حتي الرابعة سيكون مهم وليس عاجل لأنك في هذا الوقت ستبدأ بالتخطيط ليومك وتضع خطتك الكاملة لليوم ولما بعد المحاضرة والتخطيط هذا ربما لا يظهر عاجلا كما تظن لكنه كما وضحنا مهم جدا وبالتالي فهو من الدرجة ب

هل يعني ان التخطيط من الدرجة ب اقل اهمية من الحضور...؟

لا فكلاهم مهم.....!

لكن الفرق في العاجلية

فالحضور مربوط بميعاد لكن التخطيط ليس مربوط بميعاد بالتالي

كما قلنا فالأمور المهمة الغير عاجلة غالبا ما تكون صاحبة التركيز الأكبر

ثم بعد ذلك لنتخيل ان صديقا لك دعاك للغداء هنا دعوته عاجلة لأنها مرتبطة بميعاد لكنها غير مهمة لأنك لن تستفيد علي المدي البعيد بها ربما تكون صداقة جيدة لكنها ليست بالأهمية الكافية لتغير خطتك التي وضعتها في الصباح هنا تلك الدعوة في الدرجة ج

لنقل انك قد خططت في بداية يومك ووضعت نصف ساعة لتصفح الفيسبوك في نهاية اليوم ثم ابلغك مدرس المادة ان لديك امتحان غدا

امتحان غدا هذا له اهمية من الدرجة ا ولكن الاهم ان له وقت مذاكرة بحاجة اليه بالتالي فانت ممكن تلغي ال ٣٠ دقيقة فيسبوك المخططة لتذاكر فيها ثم تفكر في بدا اليوم التالي بمذاكرة اضافية

هنا تكون قابلية الاحداث الغير مهمة والغير عاجلة من الدرجة د في خطتك للتغيير اولوية

فأي تغيير تريد ان توفر به وقت تنظر الي الفئة د ان لم تجد ما يكفي من الوقت بعد ازالة كل الوقت المخصص ل د ففكر في ج حيث الاعمال الغير مهمة ولكنها عاجلة كماتش في التلفاز او مسلسل انت تتابعه او غيره..

وان لم يكفي هذا يكون اخر خيار امامك هو ازالة الامور المهمة الغير عاجلة كقراءة كتاب او تعلم مهارة جديدة وتطوير نفسك في الدرجة ب لكن من الصعب جدا ان نلغي عمل من الدرجة ا لاستبداله بعمل اخر من الدرجة ا او درجة ب او ج او بالتأكيد د

لا يمكن ان نلغي عمل من درجة لها الاولوية من اجل عمل في زيل الاولوية ولهذا عليك دائما ان توزع اعمالك من ا و ب و ج و د حتي ان احتجت لعمل مهم وجدت ما يمكن استبداله في يومك الحل الاخر ان تنظر في ترتيب اعمال الدرجة ا نفسها

فأعمال الدرجة ا ربما بعضها له اولوية اقل من الأخرى رغم ان كلاهم عاجل ومهم

ما هو الاهم كورس تدريبي عاجل ومهم قد حددت لم ميعادا ام امتحان مفاجئ قرره قسم دراسي. في الجامعة

بالتأكيد الكورس اقل اهمية هنا رغم ان كلاهم ا

لكن لأكن صادقا تجنب الاماكن وبيئات العمل من هذا النوع حين تكون القرارات مفاجئة

اعتقد انك هنا اتضحت لك فكرة الاولويات

فلنأخذ مثال في الاتجاه المعاكس

ان كان الفصل يناقش عدم فهم الاولويات كسبب من أسباب الفشل فكيف يكون فهم الاولويات

لنقل انك استيقظت للتو من نومك الساعة الخامسة صباحا وبدأت بدخول حمامك وصليت ربما او قرات ترانيمك

ثم بدأت بإفطار او وردك من القران

ثم امسكت خطتك التي وضعتها بالأمس ليومك هذا.. او انك لم تتذكر وضع الخطة فتبدا بوضع خطة

اليوم لديك جدول اعمالك في الدوام من الثامنة الي الثانية ظهرا او محاضراتك

ضعها في الجدول مع وقتها ومدتها ودرجتها من النوع ا

لديك مقابلة عمل ضعها وحدد لها وقت ومكان وزمان ومن الدرجة ا

لديك دعوة فرح من زميل غير مقرب

ضعها في وقتها وزمانها ومكانها من الدرجة ج

لديك كتاب او نزلته علي هاتفك لتقرأه او ربما كورس يوتيوب ستبدأ به ضعه وضع تقييمه من الدرجة ب

ثم وجدت ماتش كرة او أحد اهتماماتك الترفيهية التي تحتاج ان تفعلها اليوم ضعها في جدولك من الدرجة د

لم يتبق وقت فراغ كثير في يومك سوي وقت التنقل هذا جيد

ذهبت للعمل او المحاضرات وفوجئت بعمل اضافي قرر عليك اليوم في غير خطتك ما زاد العمل ساعتين

ببساطة ستلغي الترفيه من الدرجة د وال فرح من الدرجة ج

ثم ماذا الوقت زاد لأربع ساعات اضافية لتؤجل الكورس في الدرجة باء للغد

لكن لتفكر دائما ان البيئة التي تستغلك اوقات غير المخصصة لها والمدير الذي يطالبك بعمل يمتص من وقتك ولا يمكن تقليل وقته بخبرتك فكر في البيئة الفاسدة والعشوائية هنا..

وربما تحتاج للمغادرة..

عدت فقد وجدت ساعة فراغ فكر في الكورس انهيت جزا فكر في الفرح الذي دعيت اليه لا يمكن الذهاب؟ فكر اذا في الترفيه ومن ثم اعد الكارة غدا لكن لتخصص وقت هنا لتخطط لحياتك وتطور من نفسك لتأخذ الكورس وتأكد انك تتخلص من الروتين

اعتذر عن بعض الاوقات للعمل الاضافي ان امكن والا فتدخل في روتين يومي سكون كل وقتك للعمل العاجل والمهم وتنسي ان تطور من نفسك وهذا اسوا ما يمكن ان يقودك للفشل..

الفصل الخامس

يناقش هذا الفصل الأسباب التي تقودك للفشل والمرتبطة بالخطوات في تنفيذ مشروعك او مرادك او مراد الشركة ان كنت تتحدث عن مؤسسة لعلي اذكر منها عشرة أسباب بدا بالتنفيذ قبل التخطيط وصولا الي غياب التقييم وأخذ الآراء من المستفيدين و ما يسمي تقييم الاقران ومرورا بغياب الخطة من الاساس او استيراد الخطط المعدة مسبقا وعدم تدوين الخطط وهامشية الخطط والقياسات الخاطئة لمدي التقدم وعدم واقعية الخطط احيانا وجمود الخطط وغياب الوقت الاحتياطي احيانا

التنفيذ قبل التخطيط

كثيرا ما تسمع في بيئات العمل تلك الجملة "نبدأ ولما نجي للنقطة دي يحلها ربنا"
انا هنا اعجب من الجملة ربما الأمر يتعلق بالتشطيبات وباللون الخارجي للمبني رغم ان هذا اللون قد يتناسب مع شكل انشائي معين لكن لا باس فالتفاصيل الدقيقة يمكن فعلا تأجيلها لما بعد البدا
لكن ماذا عن فكرة الدخول في التنفيذ قبل وضع خطة واطار عمل متكامل
فان كنت تبني عمارة
فلعلك تضع خطة متكاملة حتي تسليم الشقق للمشترين وربما عمل صيانة للمبني فيما بعد والتعاقد علي هذا مع الشركات منذ اللحظة الاولي
الغريب ان بعض الناس تسمعهم يقولك "مش عاوزين مشاكل في الاول وكل حاجة تيجي بشويش"
نعم ربما تحدث النقاشات في اول الأمر انهاء و عدم اكتمال المشروع لكن هذا سيكون أفضل بالتأكيد من البدأ في المشروع ثم الحاجة لهدم العمارة
او ان لا يشتري فيها أحد او ان تحتاج اكتر مما تعتقد وقتا للتنفيذ لأسباب لم تفكر فيها
البدا بالتنفيذ من دون خطة ربما يجعلك تذكر دائما لكن تذكر دائما وهم النجاح
ليس الهدف ان تبدأ ليس الهدف كم مقابلة عمل تدخل ليس الهدف كم زبون يدخل السوبر ماركت ويشتري منك منتج المهم كم منهم سيستهلكها بدلا من ان يعيدها
البدأ في التنفيذ من دون خطة هو خداع للنفس قبل خداع الناس

فان كنت انت مقاول وتريد ان تبدا في تنفيذ العمارة بدون خطة وتقول " مجرد ان بدأت سأحل كل الامور بالنقاش "

فتخيل كم من المال تخسر ان تم رفض استلام المبني او تقرر هدم الاساس واعادة صبه من جديد كم هي خسائرك

هذا ليس في الامور الكبيرة فقط

تخيل انك خططت لشراء كتاب وقراءته

هل تعرف عن محتوي وفصول الكتاب

هل خططت لقراءة الفهرس لتعرف فربما انت لست بحاجة الي القراءة فيه ربما هو للمستوي المتقدم وانت مبتدئ في المجال

التنفيذ قبل التخطيط ربما يكون مضيعة للوقت حين تحتاج للعودة لكن احيانا لا نكون نمتلك خيار العودة

تخيل انك ابحرت في البحر الاحمر وفي نصف البحر تذكرت ان ليس لديك ما يكفي من الطعام او الوقود ربما تجد بحارة ينقذوك لكن ربما لن تعود الا جثة هامدة التنفيذ قبل وضع خطة علي الاقل للخطوط العريضة هو تهور

تخيل انك قررت افتتاح مشروع مع صديقك وبدون نقاش من مسئول ومن مسئول كذا وخسر المشروع هنا لن تخسر مال فحسب بل وصديقك ايضا بل واحيانا سمعتك

دعني احدثك بأمانة

كل منا حين يبدأ في التنفيذ يكون هرمون الادرينالين والدوبامين عالي ماذا ....؟ مشروع.....؟! لنبدأ او جملة "انا معاك نفذ"

لكن بعد اشهر تبدا الويلات فمن يفعل ومن المسئول ومن ومن..؟

انت تخاف من الخسارة في الاول رغم ان الخسارة في الاول ستمنعك من المشاركة اي يكون نصيبك صفر لكن حين تشارك بلا خطة وتنفذ بلا تخطيط تكون الخسائر اكبر وربما تعود خالي اليدين بعد دفع الالاف والوقت بلا صديقك او شريكك محبط ربما تحصل خبرة لكن المجازفة بلا تخطيط لا تحتسب القدر الهائل من الخطورة فنسبة النجاح اقل هنا

ولذلك يا عزيزي كل مرة تفكر في البدأ فكر في الخطة المكتوبة والمناقشة جيدا وان امكن ان توقعوا عليها وان لزم ان توثقوها او تشهدوا عليها شهيدين.

غياب التقييم

هنا انا اتحدث عن غياب التقييم كأحد الأسباب للفشل حالة انك قد وضعت خطة لاني لا اتخيل ان تقيم ولم تضع خطة من الاساس

التقييم هنا يعني ان تضع مقاييس لتنفيذ كل خطوة من خطوات المشروع او الفكرة وتبدأ بقياسها لتري ان كانت الخطوات نفذت او لا

احيانا يطلق علي من يقيم مراقبة الجودة واحيانا أخرى في المشاريع التجارية يكون التقييم من المشترين والزبائن واحيانا من العملاء

وربما تحتاج لتقييم ما وصلت له وربما حتي تحتاج الي ما يسمي بتقييم ال٣٦٥ درجة وهو التقييم المتعدد الجوانب

لكن الاهم ان التقييم يكون جزء من الخطة انا لا اقدم ربما في هذا الكتاب طريقة ادارة المشاريع لكنك ربما بحاجة اليها

هنا التقييم يكون له معايير مسبقة الوضع لتتمكن من قياسها فيما بعد وتعرف هل انت تحقق ما نفذته ام لا

وغياب التقييم هنا كأحد أسباب الفشل لأنه ببساطة ان لم تكن لديك تقييمات فذلك يعني انك لست متأكدا من انك نفذت كل ما تحتاج.. تخيل انك قررت تبني تلك العمارة وخطط لها ان تبدأ بالحفر وصب الخرسانة ونسيت خطوة فصل الخرسانة بمادة عازلة للماء

فبدون التقييم لكل خطوة في الخطة قد تنسي الخطوة

التخطيط وحده هنا لا يكفي لكنه لا يمكن تقييم بلا خطة بل ان الخطة تحتاج مقاييس احيانا فانت ربما في خطتك انك تملي كل حوض من احواض الاساس بالماء لاختبار مادة العزل

ربما انت تحتاج لاختبار مهاراتك في الكتابة قبل ان تقول انك انهيت كورس الانجليزية وذلك علي يد جهة خارجية يغيب منها التحيز لتضمن سلامة التقييم

ماذا لو ان لديك مؤسسة تعليمية وقررت ان تحصل علي شهادة الجودة الفلانية ...؟

ووضعت خطة الا تحتاج لقياس الخطة والتأكد من التنفيذ ..؟

مثلا وضعت في الخطة برنامج توعوي للطلاب بمعايير الجودة ونفذته

هل اختبرت الطلاب للتأكد من وعيهم فعلا بما تريد منهم ان يعوا...؟

وضعت خطوة في الخطة مثلا ان تجدول حضور الطلاب في المؤسسة

هل اخذت عينة عشوائية من حضور الطلاب في المكان ...؟

ان كنت وضعت خطوة مثلا للتأكد من جودة نظام التواصل

هل اخذت عينة عشوائية لقياس مدة جودة نظام التواصل وتبادل المعلومات...؟

هنا كل خطوة تضعها في اطار خطتك للتطوير سواءا كمؤسسة او حتي بشكل فردي عليك ان تعي ما هي الطريقة المناسبة لقياسها

والاهم من القياس هنا

لعلي اكون صارما بعض الشيء

وهذا ربما يكرهه بعض الناس عني او حتي انت اخي القارئ

التقييم غالبا لا يتم في كل شيء انت فقط تخذ عينة عشوائية من المصابيح لتضيءها مدة لتختبر عمرها الافتراضي بينما توزع الباقي بسهولة

اذا فالاختبار والتقييم رغم اني أفضل اختبار كل الوحدات ان امكن كما في اختبار كل كوتسات السيارات او الهواتف مثلا

الا انه في مثال المصابيح لا يمكن لأنك هنا كما قال لي أحد الناس ستشغلهم جميعا وتجلس بجوار المصابيح حتي تحترق..

العبرة يا عزيزي انه ان كانت تلك العينة العشوائية تدل لك علي جودة باقي العناصر فربما تأخذ احيانا عينة ولسوا الحظ لا يكون فيها المشكلة الموجودة حتي وان كانت العينة عشوائية وبنسبة كافية من العدد الكلي

لكن الأمر الاهم والاكثر صرامة كما قلت ما هو ردك علي المخالفات ان اخطأ أحد العمال او أحد الموظفين

هنا لا يمكن القول ان عينة عشوائية تثبت عدم دقة بيانات أحد العملاء او المرضي فان كان كل الرد انك تطلب منه تعديلها فهو سيفكر ببساطة

انا اخطأ كثيرا وفقط يأتي مراقب مرة وعندما يكتشف خطأ يطلب متي تعديله الأمر مضحك ...

هنا ببساطة التقييم بالعينة العشوائية لا جدوي منه لكن تحتاج الي تقييم كل العناصر للتأكد من سلامتها وكل الخطوات بنفسك

لكن ماذا لو علم هذا الشخص ان اي خطأ يكتشف ناتج عنه سيتم مجازاته بصرامة وربما رفده او انهاء خدماته هنا سيحرص علي تحسين عمله وتدقيقه لأنه يخشي ان يكتشف خطأ ناتج عنه وهنا ستكفي عينة عشوائية وتأكد انها عشوائية فعلا لا من يختارها هو من صنعها.. هنا تكون صرامة العقاب كافية للتأكد من جودة المنتج بأخذ عينات عشوائية لكن لا اقول صرامة مطلقة فلكل خطأ عقاب وقرار مناسب الاهم انه يكون في قرار اكبر من مجرد لو سمحت وجدنا خطأ... صححه...!

تقييم الاقران وأخذ الآراء من المستفيدين

هنا فقط دعني اناقش معك طريقة التقييم الاولي وهي تقييم الاقران

كنت قد سجلت للدراسة يوما ما في جامعة الشعب الامريكية بالعربي ولفت انتباهي هذا المصطلح الجديد في التقييم وهو تقييم الاقران

وهو ببساطة تقييم اعمال للأشخاص مثلك انت تستفاد اثناء تقييمهم في النظر الي الصواب عندهم وتقول نعم هذا علي ان افعله وتنظر للخطأ لديهم وتقول نعم هذا يجب ان اتجنبه..

دعني اجرب معك هذا النوع من تقييم الاقران مثلا علي اعتماد مؤسسة تعليمية معينة

كيف تعرف شكل واسلوب التعامل مع المؤسسات التعليمية المعتمدة وانت لم تجرب بنفسك

تقييم الاقران يدعوك ان تزور مؤسسة معتمدة وتري الاجواء والنظام لتحاول فهم الاشياء المطبقة هناك لتنقلها الي مؤسستك وذلك ربما يسمي احيانا التعلم بالزمالة او التجربة في بيئة مماثلة او التدريب الخارجي او حتي التطبيع حين تحاول اقناع الموظفين لديك بان يروا نتيجة التغيير الذي يحدث بعد تنفيذ الخطة كاملة لكن هنا التقييم بالأقران يفيدك في تصور شكل النتيجة للحصول هلي الجودة وتخيل صورة المكان الحاصل علي شهادة الجودة

الطريقة الثانية هي أخذ الآراء من المستفيدين وهي تتناسب احيانا ولا تتناسب أخرى فمثلا من الصعب تقييم استاذ مادة بطلابه او مدير من من يرأسهم وان كان يحدث لكن من السهل في الشركات التجارية أخذ اراء العملاء والزبائن للتأكد من مدي رضاء العملاء هنا يمكن قياس مستوي كفاءة العمل بمدي رضاء العملاء عنه

ايا كانت الطريفة التي تستخدمها سواء بالقياسات او بالأقران او بالعملاء او تقييم ال٣٦٥ درجة الذي يقيس كل الجوانب في التقييم

فكل منهم قد يصح احيان ولا يصح اخري..

غياب الخطة من الاساس

هذا العنوان اذكره هنا كأحد أسباب الفشل لكني حقيقة بدأت به في جزئية التنفيذ قبل التخطيط فبدون الخطة لا يمكن التقييم لان التقييم اصلا يأتي بناءا علي خطة والمقاييس التي تقيم علي اساسها توضع اثناء وضع الخطة

استيراد الخطط

هنا يكون الأمر اقرب الي الفشل لكنه قد ينجح

اعني باستيراد الخطط ان لا نضع خطة بناءا علي الموقف المكاني والزماني والظروف المحيطة بل نستخدم خطة نجحت في مكان ما ونحاول نسخها في مكان اخر

هنا الأمر قد يبدو غريبا

كيف يكون استيراد الخطط أمر مسبب للفشل

كيف يكون برنامج محاسبي كبير تم تصميمه لا يصلح لمؤسسة مشابهة

الأمر ربما اختلط عليك لان الخطة بمفهوم اوسع هي تضع كل الخطوط العريضة مع خارطة طريق للتنفيذ تشمل الاحداثيات والتنفيذ وربما الأسماء المنفذة هنا ربما تغير وربما تكون بعض النقاط مفصلية ان حدث كذا فالقرار كذا وان حدث الاخر فالقرار كذا

وانا كما قلت ربما تنجح في حالات مثل اطار عمل الورد برس

هو اطار عمل لتنفيذ المواقع

ليست فيه تفاصيل الخطة لكن انت تحصل عل الاطار وتكمل التفاصيل

الأمر شاسع الاختلاف بين الخطوط العريضة والتفاصيل الدقيقة فربما خطوات التخطيط واحدة وخطوات اتخاذ القرار غالبا واحدة لكن كل خطة تحوي تفاصيلها الخاصة

ان وضعت خطة انشاء عمارة في مكان سكني باستيراد خطة بناء عمارة في ارض صحراوية فالأمر مختلف

ربما يكون الارض الرملية هنا وطينية هنا ربما العمال يعملون في الصحراء بنظام عمل وفي الاماكن السكنية بنظام ربما نقل المون بنظام مختلف ربما حتي التنفيذ فعزل المبني في المكان السكني حراريا غير عزله في الصحراء حاليا الأمر فعلا يختلف في التفاصيل

هل خطة علاج مريض سكر او سمنة هي واحدة لكل المرضي؟ رغم ان كلاهم مريض سكر او سمنة لكن التفاصيل مختلفة بالتأكيد وربما الكثير من الناس تري في الاعلانات الكاذبة

خطة علاج السكر دواء علاج السمنة

كأحد العاملين في القطاع الطبي وبعد دراسة في التمريض ٤ سنوات

لا توجد علاج فعلال بدون تشخيص وبالتالي لنكن صادقين

العلاج قد يقلل الأعراض كل الالم يمكن تخفيفه بمزيج من مسكنات الالم لكن ماذا عن السبب

ببساطة كل خطة توضع سواءا للعلاج او لبناء عمارة او لتعليم طالب اللغة الانجليزية او حتي لتحصل مؤسسة علي شهادة الجودة تختلف التقييم ربما يتشابه والمراد ربما وأحد لكن الخطوات والظروف والعوامل مختلفة وبالتالي تكون الخطط مختلفة

لذا فكر مرتين قبل سؤال زميلك "بتذاكر ازاي...؟" هو لديه وقت كافي وانت تختلف ربما عنه لذا ربما الخطوط العريضة في خطته تنفعك لكن معالجة الخطة لتمثلك أمر اهم

فلا يعني ان تقييم المكان نجح بالخطة تلك ان التقييم سيكون ممكن لك للحصول علي الجودة بخطته نفسها

عدم تدوين الخطط

لا معني لخطة غير مدونة ان لم تدون الخطة ستنساها حتما ولا اقصد هنا تدوين ورقي فربما التدوين الإلكتروني او الرسومي أفضل خصوصا مع كبر الخطط ومفاصلها وليس فقط ان تكتب خطة بل تعلنها ويكون مع كل صاحب تخصص الخطة كاملة لتخصصه مع بعض الخطوط العريضة لباقي التخصصات

تخيل لو انك تبني عمارة وقررت ان تسلم الخطة للكهربائي لينفذ مد الاسلاك والخراطيم والكهربائي لا يعلم مكان مواسير المياه الا يمكن ان يختصر بعض اماكن الكهرباء بأماكن المياه وتحدث كارثة

تخيل لو انك اتفقت علي خطة ولم تكتب ولم تعلن

اليس من الممكن ان ينسي أحد أمر ما وتضطر لتأجيل التنفيذ ...؟

هذا ليس فقط في المشاريع الكبرى بل حتي في خطة قراءة كتاب

ان لم تضع خطة مكتوبة

متي تبدا قراءة الفصل هذا وكيف ومن اين ...؟؟؟

فلن تبدأ او ربما تضع الخطة لقراءة كتاب وتنساه

واتوقع انك فعلت الاف المرات وانا مثلك

ذاكرة الإنسان لم تخلق لتتذكر كل خططك والا لما الهم الله الإنسان ان يتعلم بالقلم وما كانت الكتابة اعظم اكتشاف

ولاعتمدت الكتب السماوية علي الحافظين بدل من التدوين

لكن هنا يرجي الانتباه الي ان بعض الخطط تكتب مشفرة او ترسل وتحرق مثل الخطط العسكرية والسرية احيانا

هامشية الخطط

هامشية الخطط تعني عدم تضمن التفاصيل الدقيقة فيها وهي أحد أسباب الفشل ربما هامشية الخطط تتضمن جمل مثل سأقرأ كتاب ابن خلدون

اي كتاب من كتب ابن خلدون ومتي وهل هو معك ام علي الانترنت وهل هو يفيدك وكم مرة في الشهر تقرأ

كل هذا في الخطة ربما يجب ان تتضمنه

لكن علي الاقل ان تتضمن الخطوط العريضة اما في المشاريع الكبيرة فربما تكون الخطط مجلدات

فقط خصص كل شخص في وضع خطة لتخصصه ثم ادمج الخطة المتكاملة للتأكد من عدم التداخل في المكان والزمان ثم اعلن الخطط بعد التعديل وناقشها مع كبار المتخصصين للتأكد من اقتناعهم او اعطائهم الفرصة للاقتراحات للتعديل النهائي ثم ليأخذ كل وأحد منهم نسخة بالتفاصيل

القياسات الخاطئة

هي وضع مقاييس خاطئة للنجاح وبالتالي يحدث خطأ في التقييم ويحدث احيانا ما يسمي بوهم النجاح واحيانا التسرع بالخطوات فمثلا ان تحدد ان قياس نجاح الاعمدة الخرسانية بارتفاعها وتنسي عدد الاسياخ ومقاومتها للأحمال وجودة صب المونة مثلا

او احيانا عند وضع الخطة لا تضع من يقيس او لا يكون شخص مؤهل او موثوق للقياس بالتالي تسمع جملة "كله تمام يا ريس" و" كمبليته" وهذا لم يحدث

تخيل لو ان الشخص الذي يصب الخرسانة او الشخص المسئول عن تصنيع الكراسي لمؤسسة ما او الشخص المسئول عن ارسال العينة هو نفسه المسئول عن التنفيذ هنا سيرسل لك أفضل عينة تم قياسها من اجل ان تثق فيه وتملئ التقرير علي اساسها رغم انه متأكد من انها لا تمثل الواقع لذلك في اي مشروع لابد من استقلالية ونزاهة المقيمين ولابد للمدير الناجح دائما من ان يأخذ عينات عشوائية من كل شيء بعلم الموظف او بلا علمه وايضا بعلم المسئول او بلا علمه في كل الاوقات

فالعينة العشوائية هي التي يكون فرصة كل العناصر فيها متساوية في فرصة الاختيار..

وكما قلت صرامة العقاب في الخلل بالعينات العشوائية مهم لأنك يصعب اختبار كل شيء بنفسك

عدم واقعية الخطط

ماذا لو انك لا تجيد التحدث بلغة ما وقررت الدخول في كورس متقدم للغة مباشرا دول المستوي المبتدئ وقبل المتوسط والمتوسط وقبل المتقدم

الخطط مهمة ويهم ان تكون مكتوبة والتقييم مطلوب منذ كتابة الخطة

لكن الاهم ان تكون واقعي لا اقول الواقعية ان تظل في الحالة التي يعيشها الجميع ولكن الواقعية ان تكون الخطة منطقية حتي ان شرط الواقعية غالبا ما يشترط في اي هدف

هل الهدف واقعيا ام لا قبل تحديده ...؟

انت لا تعيش في القمر او المريخ...!

لا تقل انك تأتي بموظف راتبه س وتقول لنعطه ثلاثة اضعاف ليعمل طوال اليوم بدلا من صرف مصاريف المواصلات

كنت في أحد المصانع ذات يوما وكان البعض من العمال يتكاسل احيانا فأتي مشرف الوردية وتواصل مع الادارة لمنع العامل من العمل شفتين متواصلين

بعض المستشفيات تمنعنا نحن التمريض من العمل بنظام اربعة وعشرين ساعة متواصلة

كل هذا في اطار المنطقية ايضا حين تضع خططك فالأمر كذلك لابد له من المنطقية والا تكون الخطة بلا معني مهما توفرت فيها الشروط النظرية الدقيقة

تخيل لو انك قلت سعر كيلو الارز اليوم هو س فهل لو اردت شراء عدد اكياس الارز الاجمالي المتوقع ان يكون موجود في الارض كلها هل سيكون س ...؟

لا بالطبع فمع شراء نصف ارز الارض سيرتفع سعر النصف الثاني تدريجيا لعل عند النقطة التي تكون قد اشتريت فيها ثلاثة ارباع الارز تكون فيها سعر الكيلو من الربع الاخير اربعة اضعاف.. الأمر صعب لكنه مسألة عميقة في الاقتصاد فكلما ذاد الطلب وقل المعروض ذاد السعر ناهيك عن انه لا يجوز قانونيا لان هذا سيكون بالنسبة لكثير من الحكومات احتكار للسلع وسيتم الحجز علي الكمية التي لديك

الأمر هنا ربما يكون في استئجار عمال برواتب السوق لكن حين تفكر في عدد ضخم فعليك ان تتوقع ارتفاع الرواتب المطلوبة لان الطلب علي العمال ذاد.. بالتالي مشروع ينفذ في سنة ان حاولت ان تنفذه في اربع شهور فتوقع ان تزيد الرواتب ليس فقط لان العمال عددهم يزيد بل لان مقابل كل ساعة عمل يزيد احيانا يكون هذا مطلوبا لكن عليك تذكر القاعدة

ان يكون في الخطة منطقية وسنتحدث بعد اجزاء عن القيم الجبرية وان احيانا لا تكون كل الجموع مساوية للمجموع وغيره في فصل القيمة..

جمود الخطط

اعني بجمود الخطط ان تضع خطة لا تراعي التغيرات والاحتمالات وعدم قابليتها للتغيير

تخيل لو انك صدمت بيوم في حياتك فيه امتحان ومقابلة عمل وسفر والخ.. لذلك تذكر لما قلت لك ان اليوم لابد من ان يحتوي اعمال من الدرجة ج و د لإلغائها عند الحاجة

جمود الخطط سبب من أسباب الفشل لأنه ببساطة لا يمكن ان ينفذ كل ما يخطط وهذا فعليا جزء من الواقعية انت تضع خطة لشراء الحديد من مصنع ثم يحدث امرا ما ويتوقف المصنع يحدث خطأ ما ويتوقف العمل يحدث امتحان غريب من دون سابق انظار غدا وانت تضع خطة للكورس لك الخطة المفصلية دائما ما يكون فيها خطط بديلة

خط انتاج وأحد ان توقف فالعامل موجود للصيانة والمهندس موجود حال فشله وساعات الراحة تعمل وقت الحاجة

ببساطة حينما يقرر المدير الا يجعل العمل متاح للشخص ٢٤ ساعة متواصلة ببساطة حتي ان حدث خطب ما يمكن للشخص ان يكمل بعد الشفت ال١٢ ساعة شفت اخر لكن ماذا ان كان هو قد عمل شفت ٢٤ ساعة هنا من الصعب في حالة الامور الخاطئة كغياب زميل ان يكمل ال٢٤ بعد ال٢٤

غياب الوقت الاحتياطي

ماذا لو ان العمل تعطل لساعات لانقطاع الكهرباء او ان الانترنت انقطع او ان عامل تغيب او ان أمر ما حدث وعطل العمل حسب الاطار الزمني

هل لديك وقت اضافي احتياطي لتعويض الخطأ او النقص في الوقت او المشكلة التي حصلت

الوقت الاحتياطي أمر من اهم الاشياء حين تعمل في جماعات ويكون عملك في بيئة معتمدة علي العوامل الخارجية لكن حتي قراءة كتاب يحتاج الي وقت اضافي احيانا

كثيرا ما كنت اقوم بتحميل كورس تعليمي من الانترنت واجد جزء او لينك خارجي لجزء مهم وغير موجود في الكورس

انت افترضت ان الكورس او الكتاب مدته ساعتين او خمس ساعات ثم تفاجأت ان الكورس يحوي جزء خارجي مهم غير متضمن في المدة

لا اقصد بالوقت الاحتياطي ان يضيعه عامل في تنفيذ امرا ما اكثر من المطلوب ولكن الوقت الاحتياطي جوهري لكل نقطة في العمل لنتخيل ان حدث خطأ ما او تأخير ما او اقتراح ما هنا يكون الوقت الاحتياطي قيما

لتتخيل ان يومك بدا ووضعت خطة يومية هل تحتاج لوقت احتياطي الأمر يختلف لان لا حاجة لوقت احتياطي هنا فكل وقت مملوء بعمل من الدرجة د سيكون وقت احتياطي للعمل من باقي الدرجات والوقت في الاعمال ج و د هو وقت احتياطي للأعمال ا و ب وكل الاعمال يمكن ان تكون وقت احتياطي للأعمال من الدرجة ا

لكن الاهم هنا انك لديك خيار تأجيل بعض الاعمال الي الغد او بعده علي عكس المشاريع فغياب وقت احتياطي يكون كارثي لان الخطة تكون مستمرة ربما لسنوات

الفصل السادس

يناقش هذا الفصل الأسباب التي تقودك للفشل والتي ترتبط بالمبادئ فآيا كنت تقصد بالفشل شخصيا او مؤسسيا فلا يمكن نسيان البعد عن المبادئ الاساسية نتناول تلك الأسباب العشر بداية من عدم وجود المبادئ ومرورا بعدم وضوحها و عدم مشروعيتها و نسيانها و التخلي عن تلك المبادئ تحت بنود التدرج و موقف المرة الواحدة وتحريف صيغها و غياب المراجعات لتلك المبادئ او التسرع في انشائها وازدواجية المعايير احيانا

عدم وجود المبادئ

عدم وجود المبادئ هو أحد الأسباب الواضحة للفشل لكن الاهم هو التفريق بين المبادئ والخطط فالخطط لابد ان تكون مرنة وقابلة للتغيير واحيانا مفصلية لكن المبادئ هي تلك الجمل الثابتة التي لا تتغير مهما كان ولاي كان هي ليست تلك المقولة التي يقولها المؤسس او المفكر ثم تذهب سداها بل تظل قائمة ما دامت الخطة موجودة والفكرة قيد التنفيذ والمشروع علي رأس العمل

لعل المبادئ تنشأ احيانا علي قوامة رؤية المكان ورسالته او معرفة الإنسان بنفسه وفهمه لذاته

فربما الإنسان يتخذ من مبدا الصدق والاحترام والخلق الحسن و الوضوح

وربما تتخذ المؤسسة من العدالة والشفافية والمساواة والحوكمة وخدمة المجتمع مبادئ لها.. ؟

لكن أيا كانت المبادئ التي وضعها الإنسان لنفسه او اتخذتها الامة لنفسها في شكل دستور او الشركة في شكل مبادئ

فلا يمكن تغييرها

لكن هنا نتحدث عن السبب الاخطر من تغيير المبادئ وهو عدم وجودها من الاساس

فتخيل انك في حياتك ليس لك مبادئ تعود اليها فكيف تفكر ...؟

انت ربما تجد نفسك في متاهة من العمل هذا العام علي تجميل صورتك امام الناس ثم العام المقبل تعمل علي جمع المال حتي ان كان هذا يضر بشكلك امام الناس

فلا تكون قد حافظت علي شكلك ولا جمعت المال

المبادئ بجانب تنظيمها لمعرفتك بنفسك او وضوح رؤية المؤسسة لموظفيها وعملائها فهي ايضا تحافظ علي كل من الشخص والمؤسسة من حالة التماهي في المجتمع بلا اطار او رؤية او وضوح لشكل العمل واحكامه

والشركات التي لا يكون لديها مبادئ معلنة قد تستمر فترات قصيرة لكن ماذا بعد تغيير المدير التنفيذي او عدد من الموظفين كيف يسير الجدد علي نهج واخلاقيات ومبادئ الشركة التي وضعت وهي لم توضع او حتي وضعت شفاهية لذا فالمبادئ هي العنصر الذي يحفظ للشركات والأشخاص ثبوت منبع مناهجها واصول خططها ووضوح رؤيتها وقواعد عند التغيير في الخطط واطر للعمل عند الاختلاف وشفافية عند التجديد..

عدم وضوح المبادئ

احيانا قد توجد المبادئ لكن لا تكون واضحة بما يكفي لتنفيذها او لا تكون واضحة حتي ان كل شخص يقرأها بمعناه الذي يفهمه وعلي ناحية الشخص قد يكون عدم وضوح المبادئ مكانا للتفسير المختلف حسب كل موقف وكل مرة يعود فيها الشخص لمبادئه

اليك مثال للمبادئ الواضحة

انا إنسان مسلم متبع لكتاب الله وسنة نبيه محمد قدر استطاعتي

الكثيرون قد يرون المبادئ شيء غير ضروري ويؤجلونه حتي ينسوه ويتناسوه وحتي ان البعض قد يري ان الأشخاص ليسوا بحاجة الي المبادئ

لكن كيف تخطط وتفكر بلا مبادئ...؟

حينما تخطط وتفكر وتضع الافكار بلا مبادئ فلعلك تقول الغاية تبرر الوسيلة فلنسرق من الغني ونعطي الفقير

وتضع خطة علي اسر هذا

نعم قد يحدث هذا لأنك بدأت بالتفكير بدون ان تكون لك مبادئ لأنه ليس لديك ما يمنعك من فعل هذا

لكن ان كانت لديك مبادئ الامانة في التعامل فسترفض هكذا النوع من الافكار لأنها ضد مبادئك..

وماذا لو ان شركة او مؤسسة بلا مبادئ...؟

هنا حين تبدا في الخطط يكون مثلا لديها هدف لربح مبلغ ما هذا العام فبلا مبدأ قد تضع خطط غير قانونية للكسب احيانا او حتي خطط من شانها ان تربح الشركة المبلغ هذا العام بدون القدرة علي المحافظة علي النجاح في العام المقبل

بدون المبادئ يمكن للشركة ان تقول لنجمع اموال من العملاء بفرض اننا نقدم فائدة ما ثم نجمع المال و لا نقدم الفوائد لكن الغريب ان عدم وضوح المبادئ قد يفعل نفس الشيء فتخيل ان الشركة تضع في مبادئها العدالة فقط دون توضيح اي عدالة تكون ومع من ومتي ...؟

او الجودة لا تدري اي جودة وكيف ومتي لماذا ومن يراقبها ..؟

عدم وجود المبادئ سبب من أسباب الفشل لأنك لن تجد حدود تمنعك من نسيان أمر ما اخر لكن عدم وضوح المبادئ علي الجانب الاخر قد يدفعك ظنا انك تفعل الصواب وتحقق مبادئك من العدالة بينما لقلة وضوحها تجد نفسك تجور علي حقوق الاخرين

فلو ان مبدا المساواة غير واضح في المبادئ فلعل شركة تقدم خدمات للعملاء من الفئة العادية بنفس المستوي للفئة المتقدمة

والأمر نفسه مع الأشخاص والمؤسسات علي حد سواء

عدم مشروعية المبادئ

عدم مشروعية المبادئ هي أحد اوضح الأسباب للفشل ليس كغيرها فهنا ليس سبب الفشل هو التأثير علي الاداء او عدم دقة الخطة بل ببساطة لأنك تضع نفسك تحت طائلة القانون ببساطة هنا لا يكون الفشل ناتج عن المبادئ الغير واضحة او الغير موجودة ولا عن اي سبب بل لأنك وضعت مبادئ تختلف مع الجهة الاكبر منك وهي الدولة او المؤسسة التي تحتويك

تخيل لو ان شخص قرر ان ينشأ حزب ديني في دولة مدنية او حزب سياسي للرجال فقط او ان شركة قررت وضع مبدأ يمنع المرأة او اصحاب دين معين او فئة معينة من العمل بها كمبدأ هنا تجعل المؤسسة نفسها تحت طائلة القانون والحظر بل واحيانا تدخل في فشل نتيجة السمعة السيئة نتيجة الاحكام القانونية ضدها وحتي بعد ان تغير المبادئ تظل السمعة السابقة لصيقة بها

لكن ماذا عن الأشخاص كيف يمكن للمبادئ الغير قانونية ان تكون أحد أسباب الفشل

ببساطة سواء كان هواء الأشخاص مؤسسين لتلك المؤسسة او جزء منها او حتي هم فقط لديهم مبادئ شخصية معادية للدولة فهي تضعهم تحت طائلة القانون لذا فكل المبادئ عليها ان تقع تحت اطار القانونية والمشروعية والا كانت في مكانة تجعلها فاشلة بأحكام قضائية او قانونية

لذا لتفكر كل مرة في وضع المبادئ وتتأكد من انسيابها مع المؤسسة الاكبر او الجهة الأعلى

نسيان المبادئ

تخيل انك وفرت كل ما تحتاج من خصائص لك او للمؤسسة ثم دونتها بماء الذهب ووضعتها في ملف قيم ثم اغلقت عليه وتم نسيانه اذا فما قيمته ...؟!

أحد أسباب الفشل المرتبطة بالمبادئ ليس فقط اختلافها مع الخصائص العامة للمبادئ بل احيانا انه قد نسيت واهملت وتم تجاهلها او احيانا انك وضعت المبادئ ولم تخبر بها كل الموظفين في المؤسسة او ان كنت فرد نسيت المبادئ وتجاهلتها ولم تعد النظر اليها..

لابد للمبادئ ان تكون مكتوبة ومعلنة بل ويتم العودة اليها بشكل دوري او حين يتم اتخاذ قرارات من شأنها ان تحدث تغيير سواء لك او للمؤسسة ولابد فيها ان تكون واضحة وقصيرة انت لست بحاجة لكتاب من المبادئ بل ربما ١٠ او ٢٠ مبدا كافية موضحة بصيغ كافية للفهم تكون معلنة في الموقع الالكتروني او مدرجة بالنسخ المطبوعة من الدليل او القرارات الدورية لكي لا تغيب عن عين أحد من الموظفين وان كان بالإمكان تعليقها في المكاتب

اما الأشخاص فيكفيك اضافتها الي دفتر يومياتك او هاتفك للعودة اليها كلما بدأت في قرار او مشروع جديد او احسست انك تائه ولا تحقق ما ترجوه او انك بعيد عن تحقيق لأهدافك..

ببساطة لماذا نسيان المبادئ أحد أسباب الفشل...؟

لان نسيان المبادئ يحول دون الهدف الاساسي منها فتلك المبادئ لم تكتب لملي فراغ داخل الورقة او لإكمال نموذج انشاء المؤسسة بل لتكون قانون يسري علي كل افكارك وكل لوائح المؤسسة وكل خططتها المستقبلية

التخلي عن المبادئ تحت بالتدريج

احيانا او كثير من الاحيان لسوء الحظ يبدا الأمر بالنظر الي المبادئ واعطائها قيمتها ومكانتها في العرض والمراجعة قبيل كل اجتماع او قبيل كل قرار مصيري وغير مصيري وتعرض علي كل الموظفين قم مع الوقت يبدا تغيير الموظفين عبر الفترات الزمنية دون عرض المبادئ علي الموظفين الجدد وبعد فترة يصبح الأمر نسيا منسيا احيانا يبدا الإنسان بعد وضع المبادئ بتنفيذها بصرامة ثم يبدا مثلا بالتأخر ساعة فساعة أخرى فيجد نفسه ينام الصباح ويصحو المساء

ربما بدا الأمر بمبدأ للشركة في الشفافية ثم يبدا بتأخير عرض الخطط علي الموظفين ثم يستثني قطاعات من الشفافية حتي يتأكل المبدأ ويصير حبرا علي ورق

فان لم تكن هناك خطط مراجعة مستدامة ومجدولة للتأكد من اتباع كافة القرارات للمبادئ الموضوعة او العودة الشخصية الي الرشد والتفكير في مدي اتباع افكاره وخططه لمبادئه

وان كان قد سمح لقليل من الاهمال للمبادئ فليراجع نفسه ويفهم سبب هذا التراجع

تجد نفسك قد وضعت مبدا في حياتك للمراجعة لكل افعالك ثم بعد فترة تتكاسل لأنك ليس لديك وقت اليوم لتأجل المراجعة للغد ثم تجد الغد له اعمال لتراجعها وتنسي اليوم واحيانا الاسبوع وتبدا في سؤال نفسك لم ارا جع نفسي يوما وايا ما لم يحصل مشكلة حقيقة لم تحصل مشكلة لان التدريج هو اكبر عدو الإنسان فربما تمر باللون الاسود وصولا الي الابيض وانت لا تفهم اي الخطوط الفاصلة نتيجة لوجود اللون الرمادي في المنتصف والذي من خلاله تجد نفسك تتخلي عن اللون الذي حددته والمبدأ الذي اقريته بالتدريج دون شعور

تضع مبدأ عدم التبذير في حياتك وان لا تفعل الا ما تمليه الضرورة في الصرف او ما يفيدك علي المدي البعيد او القصير

اليوم تتابع فلما للممثل المشهور وغدا تذهب للسينما فهذا مجرد ترويح عن النفس ثم بالتدريج تري نفسك تدفع في حضور حفلة غنائية ما يدفع لشراء طعام عام او ما يكفي ربما لشراء وحدة سكنية

الأمر لن يظهر كما هذا وبهذه الخطورة

فانت في كل خطوة تخطوها مبتعدا عن المبادئ تردد جملة معروفة "مجتش علي الخطوة دي" حتي تجد نفسك مبتعدا كل البعد عن ما كنت قد وضعت من مبادئ

وهنا يكون التخلي عن المبادئ بالتدريج سبب للفشل..

مواقف المرة الواحدة

كأحد أسباب الفشل التي يجهلها الكثيرين هي مواقف المرة الواحدة التي يظن من يفعلها انها مجرد غفلة لن تؤثر علي المبادئ التي وضعها الشخص او المؤسسة لعملها

لكن ماذا بعد هذا الموقف العابر ..؟

ماذا بعد ان وضعت المبدأ وتخليت عنه تحت تصنيف موقف عابر

الأمر يشبه في التخلي عن المبادئ لموقف وأحد سرقة مبلغ مالي ثم الاستثمار فيه

ماذا ...؟ هذا أمر مرفوض ..؟

هذا ما تفعله في كل مرة تتخلي عن المبادئ في موقف عابر

انت تظن الموقف ينتهي بسلامة وتعود للانضباط واتباع المبادئ لكن احيانا يكون هذا الموقف طعما لما هو أكبر من التخلي عن مبادئك والانتقال من الالتزام بالمبادئ الي عشوائية عدم الالتزام بها. والإنسان حين يتجرد من مبادئه يكن كالمتحرك بدون معرفة وجهته حتي ان خططه نفسها تخلو من الضوابط وبالتالي بدلا من ان خطته تصل به الي تنفيذ مراده يجد نفسه يدور في حلقة مفرغة من التكرار الأعمى انت تراها مواقف عابرة ومكالمة مع فتاة طائشة وظلم لأحد لن تكرره او استيقاظ مؤخر في يوما وأحد بيع منتج غير مشروع في صيدلية او تناول وجبة عشاء مع صديقك دون خطة

لكن علي الجانب الاخر المكالمة للفتاة لن تنتهي بسلامة وتجد نفسك في اليوم التالي بحاجة لمصالحة واليوم التالي بحاجة لاتصال لإنهاء التواصل او ان المنتج غير المشروع اصبح دليل ادانة ضدك حالة عدم تكرار الصفقة او ان صديقك الذي وافقت علي تناول وجبة معه اصبح دليل انك لا تلتزم بخطة وان اي رفض لطلب مماثل لن يكون مقبول لأنك فعلتها من قبل.. هنا تدخل دائرة الفشل من اوسع ابوابه بموقف تظنه هينا

الأمر مشابه تماما للتخلي عن العادات السيئة يبدا بخطوة وينتهي بنجاح مبهر فبمجرد التخلي عن مبدأ من مبادئك الخاطئة او عاداتك السيئ. لمرة واحدة يكون هذا بمثابة الانتقال من دائرة الفشل الي دائرة النجاح علي حد اشمل واوضح

دائرة الفشل هنا تكون فشل ثم احباط ثم تذكر الفشل فالاحباط مرة أخرى

اما دائرة النجاح فهي نجاح ثم تشجيع للذات فنجاح اخر وانت بالتخلي مثلا عن نقد ذم ذاتك " الاعتراض علي التقليل من ذاتك "حين تفشل وبدل من ذلك تبدا في خطة ومراجعة واضحة للذات تجد نفسك تنجح

لقد كان موقف وأحد في الطريق الصحيح نقلك للدائرة المختلفة من دائرة الفشل لدائرة النجاح

وانا ايضا هنا اكرر نفس الشيء في حالة كنت تفعل فعلا خطأ لمرة واحدة ظنا انه لن يؤثر..

هو سيأثر وان لم يفعل فسيدخلك في الدائرة الاخري..

تحريف المبادئ

تحريف المبادئ أحد أسباب الفشل سواء للأشخاص او للمؤسسات وهنا لا يكون الفشل لعدم وجود المبادئ بل احيانا لعدم الايمان بها او عدم المراجعة لها او عدم تدوينها ونسيانها ما يقود الي تحريفها سواء بقصد او غير قصد..

ربما علي المستوي الشخصي فمن الصعب القول ان إنسان وضع مبادئ لنفسه يحرفها فهو اقرب بهذا من الغباء ولا اظن القارئ يفعل

لكن هنا تحرف المبادئ علي غير قصد نتيجة عدم التدوين والتهميش مثلها مثل اي شيء يتم اهماله مثل ان تضع مبدأ الالتزام بخططك ثم تنسي النظر الي المبادئ لك فتجد نفسك تتسائل اي خطط التزم بها اهي خطط المدير في العمل ام خططي حينما تتعارض الخطط

الأمر هنا قد لا يبدا بتحريف معاكس تماما بل بمجرد تحريف بسيط انا التزم بميعاد للنوم ثم يقل الأمر انا التزم بميعاد نوم ٦ ساعات او كما قال هاني رمزي " سته ـ سته ونص يعني.."

الأمر مجرد تحريف بسيط وتخلي بسيط يدخلك في انحراف متزايد فانت هنا لا تحرف الخطة بل المبدأ الذي تنشأ علي اصله الخطط

اما في المؤسسات فالموضوع مختلف

فالتحريف هنا ربما يكون عن قصد رغبة من الاطراف المحرفة لتلك المبادئ بمكسب قصير الامد ونسيانها التأثير الاكبر..

انت كل يوم تتعامل مع شركة محمول

ماذا لو ان الشركة قررت بيع كروت شحن وهمية هل أحد سيراجع خلفها ...؟ ربما الأمر يحدث

لكن الاهم انها حين تفعل هذا فهي تخسر قاعدة عملاء وثقة السوق..

الأمر بالشبه حين تتعاقد شركتين وتضع بروتكول تعاون او اطار عمل ثم تحرفه قليلا بدلا من التزامها بتنفيذ كذا في وقت محدد تتجاهل وقت محدد لان الوقت غير مذكور بعد ان كان المعمول به التنفيذ المباشر

وهنا فان اكبر حلول تحريف المبادئ هي الصياغة الواضحة فوضوح المبادئ وعدم ترك مجال للتفسيرات الشخصية يحول دون التحريف لان هنا قد تلتزم انت كمدير بتنفيذ الأمر بناءا علي فهمك لأنك انت من وضعت البروتكول لكن من يأتي بعدك ربما لن يفهم ما فهمته فيحرف المبادئ غير قاصد ذلك وهذا كثيرا ما يحصل في الشركات بعد انقضاء مؤسسيها وربما حتي بقصد لتغير الاخلاقيات

تذكر هنا ان تلك المبادئ لا توضع لسنة او لعقد بل انها في الاصل توضع لتدوم حتي ان كانت تراجع فهي في الاساس تدوم طويلا و عليك ان تكتبها بدقة وتجعلها صالحة للحالات شاملة لا تخصها بمبلغ بل بنسبة و لا بشخص بل بصفة حتي لا يقال مات النبي فلمن نعطي ذكاتنا......؟

تذكر سواء تعمل لنفسك فتضع مبادئ او ان تلك المبادئ لشركة او انها بروتكول تعاون او تواصل او قاعدة لإنشاء مؤسسة فوضوحها لا يعني فقط انك تفهمها بل ان كل من يقرأها يفهمها فكي لا يكون موتك او معاشك أحد أسباب فشل مؤسسة او انهيار مبادئ انت وضعتها لابد ان تكون واضحة للقارئ كما يقال كأنه سيأتي من كوكب اخر..

لا تقل هو سيفهم.. نعم سيفهم لكن بتحريف وبتفسير ذاتي

غياب مراجعة المبادئ

تلك المبادئ من صنع البشر ومبدا عام ان اي مبدا من صنع البشر يحتاج للمراجعة كل مدة فنحن حين نضع تلك المبادئ تكون لدينا معرفة بجزء من العلم ومع الوقت يزداد معرفتنا بالعلم او العلوم و هذا يوسع افقنا بزيادة خبراته او تجربة لنا او حتي وجود اشكاليات مترتبة علي او حين تريد تنفيذ المبادئ ورغم ان وجود الاشكالية حين تطبق المبادئ او حتي الشكوى من عدم القدرة العملية علي تطبيقها أحد اهم الأسباب لمراجعة المبادئ الا ان تلك المبادئ بحاجة ايضا اي مراجعات دورية حتي تتذكر ما وضعت ان كانت شخصية وتتأكد التزام الجميع بتلك المبادئ ان كانت لمؤسسة او شركة او بروتكول تعاون

لماذا غياب المراجعة اذا سبب للفشل.. ؟

لأنه ببساطة يعني النسيان او التحريف او التقادم كما يسمي

فمبادئ وضعت لتعاون بين شركتين كبروتكول لا يمكن ان تنسي ١٠ سنوات بلا مراجعة ثم نقول صالحة للاستخدام فان كانت فعلا لازالت فهل كل من في الشركتين او جهتين التعاون علي علم بها ..؟

هل ينظر اليها بعين الاعتبار في الخطط الحالية ..؟

هل لازالت قابلة للتنفيذ و هل هي واضحة لمنع الاشكالية من التحريف او عدم الفهم ..؟

و هل هناك خطط مراجعة دورية لها ...؟

لا اقول مدة ما لان تلك المبادئ حالة الشخصية تختلف عن المؤسسات.. لكن الأمر الاهم ان لا تتعدي الربع سنوية..

لن اضرب امثلة علي عدم مراجعة المبادئ لأنك بالتأكيد وقعت في الفخ مرات وانت تضع خطط لا تنفذ او اهداف لا تلتزم الذكاء الهدفي في التحديد والواقعية و غيره..

لكن الاهم ان معرفتك بهذا السبب يقودك لتتذكر القاعدة

المبدأ يوضع لينفذ ثم يراجع ثم ينفذ

لا وقت لإهماله ونسيانه ولا وقت لتجاهله ولا وقت لمواقف المرة الواحدة.. المبدأ مبدا لا يحرف لأنه واضح..

فهل مبادئك واضحة ومراجعة وتتذكرها..؟

وهل فعلا هي موضوعة ومكتوبة ...؟

وهل انت مؤمن بها ولا تستوردها لمجرد ان غيرك يعمل بها..؟

هنا ستكون قابلة للتنفيذ

لكن المهم ايضا ان تكون صواب فهنا تفعل الغرض منها وهو الحياة كما تحب ان تحياها ولا تنجر في دائرة الفشل.

التسرع في اتخاذ المبادئ

أحد أسباب الفشل للأشخاص المؤسسات هو التسرع في وضع المبادئ فتلك المبادئ لا توضع للتطبيق في زمن او ظروف وانما تكون دستور قائما لمدي زمني كبير وقد لا تتغير وتغييرها سيتطلب الكثير من العناء هي كأساسات المبني فان تم التسرع في وضعها وعدم مراعاة امكانية تحريفها تكن هنا أحد أسباب السراع فلا انت تقدر علي تغييرها ولا انت تقدر الاستمرار في التطبيق

والتسرع في وضع المبادئ الشخصية قد يكون في الاغلب بسبب عدم الفهم او الثقة الزائدة بالنفس اما التسرع في وضع المبادئ في المؤسسات او حتي تلك البروتكولات للتعاون فقد يكون نتيجة فرص وهمية او عروض مغرية او حتي وهم النجاح

وربما عدم معرفة القواعد القانونية المحلية او العالمية في المجال خصوصا عند الانتقال من دولة الي دولة

فكثيرا ما من الدول تضع شروط وقوانين وسياسات خاصة تختلف عن غيرها وانت حين تنتقل بعملك اليها تلتزم بتلك القوانين فان كانت تلك المبادئ لديك تخالف تلك القوانين هذا تسرع في وضع المبادئ الأمر الثاني هو عدم الاستماع للانتقادات ووضع المبادئ دون الاتفاق او التسرع في التنفيذ والتوقيع واحيانا عدم الفهم اللغوي والثقافي وربما تقديرا بثبات حقائق قد تكون تاريخا من الماضي في اقل من ساعة فماذا عن هذا المبدأ في الاتفاق الذي يحدد شخصا او مكانا للاجتماع

وأخذ الرأي ماذا ان مات الرجل او قامت حرب ولم يعد المكان متوافرا وماذا عن تحديد مبلغ بالعملة وتنهار العملة او غيره

التسرع هنا يعمي الشخص او المؤسسة عن رؤية التغيرات المتوقعة او حتي غير المتوقعة واحيانا ليس فقط هذا بل ايضا في تدوين الاتفاقات او النسب او حسابها هنا تكون تلك المبادئ كالسكين المربوطة علي الرقبة تحريكها يقتل وتركها يؤلم

التسرع بوضع المبادئ ايضا قد يعمل مثل العمل بلا خطة علي الدخول في دوائر مفرغة من التكرار للأخطاء فأحد مسلمات المبادئ التي لا اظن أحد لا يعتبرها هي التعلم من الاخطاء السابقة

ازدواجية المعايير

كواحد من أسباب الفشل المشهورة حتي بتغطية الاعلام هي تعدد المبادئ لنفس الغرض وحتي ان كان الأمر يبدو منطقيا ان لكل مقام مقال ولكل شخص قدره وعلينا ان نحدد كل شخص او جهة بالتعامل معها بطريقة خاصة الا ان الطريفة ليست جزء من المبادئ فمبدأ مثل الصدق لا يمكن ان نقول مثلا صدق يراع الاهل والأقارب وتجارة بغيره لان الاغلبية من التجار يفعلون هذا

مبادئك هي مبادئك لا تتجزأ والا فان مكسبك من مخالفتك للمبادئ في أمر ما سيكون خسارة من جهة أخرى فانت حينما وضعت المبادئ تلك من المنطقي انك استغرقت وقتا كافيا للتأكد من ان كلها تعمل لصالحك فمبدأ الصدق الذي تتخلي عنه من اجل اتمام صفقة بربح معين هي بذلك تبعدك عن السمعة الجيدة انت تظنه مكسب قريب انا معك لكن الجانب الاطول خسارة

المبادئ ليست فقط للتعامل مع الناس فان كان عدم احترامك لمبادئك وتوحيدها في التعامل بين الشركات يخسرها ثقة العملاء، المجتمع فماذا عن مبادئك الشخصية .....؟

لا شك انك تتخللي عنها او تعددها وربما تقول لنفسك " لا انه يوم الاجازة ليس علينا ان نصحو مبكرا"

او "لا انه عمل دفاعي وكل شيء مباح" لا شيء بدون مبادئ ناجح وكذلك ازدواجية المعايير والمبادئ فانت او حتي كشركة حينما تحدد مبادئ للجودة ثم تتيح منتج باقل مما يلتزم بمعاييرها من الجودة لا شك انه يحمل اسم الشركة وشعارها وهنا العميل لن يقول انه عمل اقل سعرا ولكن باقي المنتجات للشركة لازالت جيدة

بل يتحول الأمر الي جزء من سمعة الشركة وطبيعة العمل بها ان تلك الشركة تسمح بهذا المستوي من الجودة والذي يخالف المبادئ الأولية له

الفصل السابع

يناقش هذا الفصل أسباب الفشل المرتبطة بسمعة المؤسسة او الشخص. وهنا نذكر منها ستة أسباب هي غياب المعرفة اصلا و السمعة القبيحة و سمعة الطاووس والسمعة المبالغ فيها و سمعة الترند والفشل الذريع في السمعة

غياب المعرفة اصلا

اقصد هنا عدم معرفة الناس لك او للمؤسسة وهذا قد يكون سبب للفشل للمؤسسة لان الناس لا تثق بمن لا تعرفه وربما لن تفكر في التعامل معك هنا ليس لأنك سيء بل لأنك غير معروف والمعرفة هنا قد تكون من خلال اعلان عن منتج جديد من الشركة المعروفة مسبقا او اعلان جديد لشركة جديدة واحيانا يكون اعلان عن فلم او خدمة او غيره المهم ان تقوم المؤسسة بالتعريف عن نفسها

هنا علي دراستي للتسويق الرقمي تذكرني بمراحل الاعلان وهي ثلاث

اولها اعلان الهوية وهو اعلان يكون الغرض منه ان تعرف الناس انك موجود واعلان التعريف من خلاله تعرف الناس بخدماتك غالبا ما يكون هذا في شكل لطيف كتوزيع الهدايا المطبوعة او غيره وربما كان أحد مستشارين وخبراء الشركة يقدم حلقة تعليمية للناس ثم يعرفهم بالشركة و الثالث هو اعلان اتخاذ القرار من خلال الاعلان عن منتج ومن ثم توفير طريقة للشراء او التواصل المباشر

هنا يكون في الغالب الناس قد تخطو مرحلة انهم لا يعرفونك الي مرحلة طريقة الاتصال لكن الأمر كله انك توصل للناس انك موجود كمؤسسة وانك تقدم الخدمات وانهم يمكنهم التواصل بك بشكل ما لا اتفرغ ربما لطريقة ربط الاعلانات افكار معينة بالإعلان عن منتجهم كالعطش في اعلان بيبسي و المشاهير في الاعلانات لكن النقطة الجوهرية هنا ان تعرف الناس بك وبخدماتك وكيف يتواصلون معك

ام ان كنت شخص هنا لا مؤسسة فالأمر مختلف ورغم ان الحالتين يجب ان يسبقا بمرحلة معرفة الذات للشخص والرؤية للمؤسسة الا ان الاهم للشخص هنا ان يبدا بتكوين العلاقات الجيدة و التواصل مع كل من لهم علاقة بعمله وكيف يمكن ان يخدمهم هنا غياب المعرفة يكون سبب للفشل لأنه ببساطة لا أحد يعرفك من الاساس ليتواصل معك او يدعمك او يساعدك او ينصحك لا أحد يعرف ما تحتاج ليقدم لك خدماته و هذا بالتأكيد لن يحصل قبل فهمك لذاتك وكلما كان وضوحك في التعريف عن نفسك كان من السهل للناس التعرف عليك

السمعة السيئة

في الجزء السابق كانت المشكلة عدم المعرفة لكنها ليست بالخطر فانت كنت تبدأ من الصفر لكن هنا المشكلة الحقيقية انك تبدا من اسفل الصفر انت معروف ولديك سمعة سيئة والبدأ هنا يكون اصعب من البدا اول مرة لأنه ببساطة انت لك كارهين ولك من يسيء سمعتك هناك عملاء سابقين لك كمؤسسة وهم لا يثقون بك وهؤلاء العملاء فقط لا يكون رأيهم خاص لهم بل في ساعات ربما يتحول رأيهم الي راي عام نحن نعيش في عصر السوشيال ميديا والآراء تتشارك حتي ان الآراء اصبحت تباع الان ربما لا أحد سيشتري من يدعمك ويمدح فيك غيرك لكن حين يتعلق الأمر بالسمعة فتذكر ان عميل غير راض قد يتحول الي جمهور من العملاء الوهميين غير الراضين ربما من حسن حظك ان هذا قد يكلف لذلك قليلا سيفعله لكن يا عزيزي ان كنت تدير شركة او مؤسسة فكل عميل غير راضي يزيد من فرصة عدم الرضي العام من خلال شراء الآراء علي السوشيال ميديا او حتي من خلال الاداة المجانية وربما يصل بك الأمر الي المحاكمات في حماية المستهلك والقضايا المختلفة كل هذا يبدا بعميل غير راض عن الشركة او تأخر تسليم خدمة او غيره لكن ماذا عن الانتقال بين الناس وشكاوي العملاء لبعضهم البعض

للأسف فالبعض يتأثر بالترند والكثيرين في ساعة يمكن ان يدافعوا وينشروا التجربة التي لم يخوضوها ليس لضررك بل يا كرام لان هذا العميل تم اهانته والاعتداء عليه وفقد حقه وكم من داعم

الأمر حين نذكر الأشخاص يختلف لان المؤسسات ربما تتعامل مع اعداد اكبر بالتالي تشويه السمعة احتماله اكبر من الأشخاص التي ربما يكون تشويه سمعتهم ناتج عن التعامل الغير مرضي مع صديق او حتي زميل ينقل عنك فكرة سيئة او فكرة غير صحيحة

لكن كيف يسبب ذلك الفشل ...؟

بالنسبة للمؤسسة فالسمعة السيئة تمنع العملاء والعملاء المحتملين من التعامل معك بالتالي نقص الخدمات المقدمة واحيانا تصل لحد المقاطعة او حتي حالة عدم الرضي العام وقد يكون الأمر طائلة قضائية وتعويضات بالمليارات فالأمر قد يكون مشابه جزئيا في الأفراد لكن ما يزيد عليه ان السمعة السيئة قد تتحول ايضا الي جانب محبط لك من الاصدقاء المقربين او حتي منظورك لنفسك نتيجة للمراجعات والنصائح التي تحصل عليها مع سوء السمعة ناهيك عن عروض العمل الاقل وغيره..

سمعة الطاووس

سمعة الطاووس تلك نظرية غريبة لكنها واقعية

قد لا تكون سبب مباشرا للفشل لكنها قد تؤدي اليه كثيرا من الاحيان علي مستوي الشركات والأفراد حتي وللتوضيح هذه التسمية اول مرة اذكرها لكن ما هو مفهوم سمعة الطاووس هذا ..؟

ببساطة تخيل نفسك تمشي في شارع في منطقة فقيرة وانت إنسان بسيط الحيلة وقابلت محل تجاريا يبدو فخما جدا وجواره اخر يبدو بسيط وفيه فابترينه لبيع كروت الشحن والشواحن والجرابات وغيرها وانت تريد شراء كارت شحن هل تذهب للمحل الصغير ام للمكان الفخم ...؟

اغلب ما رأيته وتعاملت معه المحل الصغير لأنه لا يتوقع ان يوفر المحل الفخم هذا خدمة كروت الشحن هو ربما يبدو توكيل لشركة موبايلات وربما الاسم بالإنجليزية وحتي ان كان بالعربية فالكثيرين لا يجيدون القراءة واغلب العارفين بالقراءة لا يقرؤون حقيقة

قد تختلف معي في الرأي

دعنا نجرب مثال اخر عن تلك الفتاة التي تدرس الطب وتنشر انها رفضت أشخاص من كلية الطب معيدين ومهندسين وكثيرا ممن هم ذو مكان ومكانة وانت جارها تعمل في مهنة بسيطة هل تتقدم لها ...؟

بالتأكيد لن تجرا

هل يتقدم لها من هو يدرس الطب بالتأكيد لا فهي رفضت الكثيرين فتتحول سمعتها الي هذا الشخص ليس السيء بل الجيد الذي لن يقبل بمثلنا اقصد الكاتب..

ببساطة هب انك عاطل عن العمل وانت تنشر علي ملفك الشخصي علي لينكد ان انك تعمل في شركة هل أحد سيتصل بك لعرض وظيفة وان كان حتي من جيرانك دعما لك ..؟

بالتأكيد لا هو يظنك تعمل فعلا ....!

تخيل ان شركة توفر منتجا فخم يظهر انيقا علي الرف ولا أحد يعرف به ولكنه يبدو غاليا

كم شخصا سيرفض وضعه في سلة المشتريات خوفا من سعره..

ببساطة مفهوم سمعة الطاووس هو رفض الناس التعامل مع شخص او شركة او خدمة او منتج نتيجة ظنهم انه اعلي سعرا واكثر قيمة مما يتوقعون

السمعة المبالغ فيها

مفهوم السمعة المبالغ فيها هي انك بتوفر خدمة معينة او منتج له مواصفات معينة وانت اثناء الاعلان عنه رفعت سقف التوقعات لدي المشترين اكثر من اللازم فربما منتج يعالج قشرة الشعر او علي الاقل يساعد ذلك في مدة ١٠ مرات استخداما وانت اعلنت انه يفعل ذلك في مرة واحدة استخداما هذا هو السمعة المبالغ فيها تخيل لو انك توفر خدمات مستقلة وتقول انك تنفذ مشروعات ضخمة وتفعل الأفاعيل في خدماتك ولما طلب منك أحد بناء علي هذا السمعة المبالغ فيها لا اقول وجدك سيء بل علي الاقل وجدك بمستوي ليس كالذي تقوله في تنفيذ الخدمات هذا ما يسمي السمعة المبالغ فيها

ربما الأمر الاخر تحت نفس العنوان هؤلاء الذين يقولون انهم يوفروا دورات مجانية ثم يحدثوك عن الرسوم الادارية او ان يقول لك سعر الخدمة س لأول شهر وبعدها تجد ان السعر ٤ او خمس اضعاف

ببساطة جدا السمعة المبالغ فيها تقود الي الفشل اولا لأنك تدعي انك تفعل او توفر اكثر من الواقع وثانيا انك ربما تخدع العميل فيفقد الثقة فيك او انك ترفع ثقف توقعاته فيك فلو انك تقول انك متقدم في لغة ما او لغة برمجية وبدأ المحاور بسؤلك اسئلة متقدمة وفشلت ربما لو قلت انك مبتدئ لسالك اسئلة تدركها وهو بحاجة لشخص مبتدئ اصلا لكنك لما خدعته و رفعت سقف توقعاته ثم هويت بها مع اول سؤال.. علي المستوي الشخصي احيانا ما يكون الأمر مرتبط بالثقة الكاذبة في النفس فبدل من ادراكك ان مستواك في مهارة معينة مبتدأ وتحتاج الي تدريب وتعليم علي هذا المستوي بدلا من ذلك تقنع نفسك ومن حولك انك في مستوي اعلي وهنا لا انت تستفيد من كلامهم المتقدم ولا هم يثقون فيك وكل مرة يطلب منك مهمة تفشل فيها فتتحول من شخص ناجح لشخص فاشل فالشخص المبتدأ يتعلم ويتعلم فيطور من نفسه لكن الشخص الواثق بنفسه وهميا لا يفعل ذلك بل ربما يحول الشخص الذي امامه من النصح الي الخوف لأنه يظنك اكثر علم منه وبالتالي كيف ينصحك.. ؟!

سمعة الترند "تظهر لمدة قصيرة وسريعة ثم تعود"

سمعة الترند ربما تكون مبنية مرحليا علي ما سبق ببساطة في الاول لا يكون أحد يعرفك ثم يبدا الناس بمعرفتك وتزيد معرفتك تدريجيا وهذا هو الطبيعي الحدوث سواء للشركات او الأفراد

لكن احيانا بين ليلة وضحاها يتحول شخص من الغير معروف الي المعروف ومن المؤسسة الغير معروفة الي المشهورة وربما كان كل منهم بمعرفة محدودة لكن الغريب هو سرعة التحول في انتشار المعرفة بهم

السر في السوشيال ميديا يا صديقي

فتجد شخص مشهور ضرب شخصا

او ان شركة دعت رئيس او ملك البلاد الي الافتتاح او ان شركة توزع الملايين علي العملاء مجانا او ان أحد المشاهير عرض الاعلان لهم

الأمر ببساطة يسمي الترند

بل اصبحا مفهوم الترند اليوم اكثر معرفة وشهرة

لكن لماذا سمعة الترند أحد أسباب الفشل ...؟

ببساطة لأنها غالبا ما تكون مبنية بلا خطة لكن الترند المخطط له أمر اخر واسلوب ناجح في الاعلان لكن هنا تجد الشخص اصبح معروفا بلا خطة ثم ينسي بلا خطة الغريب ان احيانا زيادة الطلب المفاجئ علي المنتج يكون سبب في الفشل فتخيل انك تقدم خدمة تنفيذ شيء ما ضمن شركة من ٤ موظفين ثم بعد ترند زاد الطلب ٦٠٠ في المائة هل ستستطيع التنفيذ

هناك احتمالات اولها انك تسرع من الخدمات وتقلل الجودة وهذا يضر بسمعتك علي المدي البعيد او ان تقرر التأجيل وانت هنا تضر ايضا بسمعتك بل ان الترندات في كثير من الاحيان ما تجد حملات معارضة من اجل المعارضة لمجرد سب وشتم فيك ليس عن تجربة بل لمجرد الاعتراض وهذا ربما نظرا لزيادة الترند عن الحد المقبول

هناك الكثير من السناريوهات التي تتحول فيها سمعة الترند الي سبب للفشل الا اذا كان الترند مصنوع بخطة محكمة وهنا لا يسمي ترند بل يكون اسلوب دعائي معروف كتلك الشركات التي تفتعل المشاكل قبل اصدار كتاب جديد فيزيد الطلب عليه او تفتعل مشهد معين امام المكان ليزيد الطلب عليه وكلها فكر اعلاني حتي ان البعض يستخدم اسلوب الاعلانات المجهولة لزيادة التساؤلات عن المنتج او الخدمة او حتي ما يسمي الدخول في الترند للإعلان عن منتجاتهم وتساعد السوشيال ميديا في هذا لكن حتي صنع الترند كدعاية قد يكون سبب للفشل لأنه يكلف الكثير لمعرفة مؤقته بالخدمة او الشخص ثم ما ان يستمر الشخص بالدفع وهذا مع الوقت يكلف الكثير ويؤثر اقل او انه يوقف الترند وهنا يتحول الأمر للفشل الزريع في السمعة

فشل السمعة الذريع

فـشل السمعة الذريع هو أحد الأسباب الناتجة عن عدم تقييم الوضع في حالات الكوارث والاهمال احيانا

تخيل ان شركة مطارات فجأة يتوقف موقعها الالكتروني والتواصل بها لمدة يومين.....!

تخيل ان شخص سمعته معروفة ثم يتعرض لاختراق "سيبراني" يدمر كل "بروفايلات" التواصل معه ...!

تخيل ان شيخ او اسيس او عابد في دين ما ظهر في مشهد غير اخلاقي او ان شركة ما انهارت اسهمها في البورصة ...؟

الفشل الذريع يمكن تمثيله بانه بصفة عامة فشل بدون سابق انذار

وبالتالي فالفشل الذريع في السمعة هو سقوط السمعة للشخص او المكان فجأة بدوافع مصطنعة او كوارث احيانا لكنه ربما ينتج عن سوء تقدير للمواقف والتراكمات ايضا تخيل انك وجدت مكان يسرب الغاز او الماء مكسور وحاولت لزقه بمادة صمغية ...؟

او ان المكان الذي انت فيه ايل للسقوط لكنك تزين جدرانه بالخشاب لكي لا يري أحد الشروخ في الحوائط او انك مكبل بالقروض ولا تسدد سوي بالقروض الجديدة

هنا في مرحلة ما تصل الامور الي حد لا يمكنه الانتظار فالشروخ قد بلغت نصابها والقروض قد بلغت من الفوائد ما بلغ والكتمان لكرهك من الناس قد قدح

هنا يتحول الأمر فجأة الي انفجار الأمر يشبه هذه الاسطوانة المعبأة بالغاز ثم عند ضغط معين بدون سابق انذار تنفجر

فلا تجد الغاز ولا تجد الاسطوانة ولا تجد حتي المكان الا بعد ان اشتعل فاطفي في ساعات

تخيل عبر السوشيال ميديا الكل لديه مشاكل معك لكن الجميع لا يعرف هذا فجأة تبدأ فتاة بالحديث عن مشكلتها وفجأة تخرج الاصوات المكتومة الصادقة و الكاذبة ويتحول الأمر من ترند في صالحك الي ترند ضدك...

او حتي تخيل ما ذكرته بالحملات المقابلة في حالات الترند..

تخيل ان الناس قد اعتادوا علي الشراء منك لمنتج معين ثم ذات يوم حدث تسمم نتيجة منتجك او ان قضية رفعت عليك ونالت زخم اعلامي وتم النصر فيها عليك هنا يكون سبب الفشل الذريع في السمعة

لذا عليك دائما المراجعة والتقييم والتعامل مع الشكاوي بجدية وحتي قبل الشكاوي أخذ العينات العشوائية بجدية والتعامل بصرامة مع الاخطاء والهفوات فسمعتك قد تكون علي المحك في لحظة دون سابق إنذار

الفصل الثامن

يناقش هذا الفصل أسباب الفشل المرتبطة بالفرص ونذكر اربعة عشر سببا منها الفهم الخاطئ للفرص وتجاهل الفرص والفرص الوهمية والطمع والمصيدة و والارتكاز علي نقطة واحدة والمخاطرة والانتظار

و منظور عبور النهر والتكيف وضيق المنظور ومنظور التعددية و الشروط الجزائية و الجودة الذائدة

الفهم الخاطئ للفرص

أحد اكثر المصطلحات ارتباطا بالنجاح هي الفرص لذلك من السهل ان نعتبر الفهم الخاطئ لمصطلح الفرص كأحد أسباب الفشل

ما هي الفرص اذا ...؟

الفرص هي الاشياء المادية او الخدمات التي تتاح باقل من قيمتها او حتي في بعص الاحيان بقيمة عادلة استثمارية

فحينما تكون بحاجة الي حذاء وتجد واحد بسعر عادل قد يبدو الأمر

ما الفرصة في هذا ..؟!

لكن كم مرة قد تتعرض للخداع وتشتريه حتي بسعر ١١٠ بالمائة من سعره الحقيقي ..؟

الأمر قد يبدو غريبا لان سعر الحذاء ربما لا يمثل فرقا لكن علي سبيل المثال الاخر شراء منزل بسعر عادل ليس امرا عاديا لان عملية الشراء تتم غالبا من خلال ما يسمي بسمسار هنا ان كان البائع يعرض المنزل مقابل سعر عادل فكان الطبيعي ان تدفع اكتر من السعر العادل لأنك تدفع جزء للسمسار ايضا ..

لكن كون انك وجدت فرصة للشراء من مالك العقار بشكل مباشر فتلك فرصة اذا ففهمنا الخاطئ للفرصة علي انها معلقة دهب علي طبق من فضة به قطعة لحم كبيرة مجانا

ليس صحيح بل ان لهذا الفهم الخاطئ للفرص خطورة فكونك تنظر الي الفرصة كهذا المثال السابق معلقة الذهب وطبق الفضة يوقعك احيانا فريسة لدي بعض النصابين ..

الفرص اذا هي الاشياء والخدمات المادية والغير مادية المتاحة بسعر عادل كثيرا او سعر اقل من العادل احيانا او حتي سعر اقل من العادل بكثير وهذا نادرا لكن الفرص المجانية غير متاحة ابدا ...

كما يقول البعض في التفكير العسكري "ان رأيت الطريق خالي من العقبات فاعلم انه كمين ..!"

الأمر ليس منطقيا ان تجد فرصا مجانية الان هذا ليس تخويفا ولكن تنبيها

وحينما اقول مجانية لا اتحدث معك عن رسالة "مبروك كسبت ٥٠٠ جنيه" في أحد المدونات علي الانترنت لان ربما قارئ الكتاب هذا ليس بالدرجة هذه من الحمق لكن اتحدث عن تلك العروض التي تأتي هنا و هناك كل يوم "اشحن واكسب ١٠٠٠ جنيه" او غيرها او حتي "ادخل بياناتك وهتحصل علي كورس معتمد من وزارة الخارجية "

رغم اني لا افهم معني اعتماد الكورس من الخارجية ولا اعتماده اصلا لكن حتي فكرة الفرصة المجانية غريبة

تتبعت بعض الفرص ووجدته تقول "الفرصة مجانية والشهادة ٢٥٠٠ جنيه".. هي ليست مجانية اذا انما هي مجرد طريقة للإعلان وجذب الانتباه ..

وحتي الفرص الأخرى التي تم تتبعها البعض الغالب لم يكن يقدم خدمات من الاساس هو فقط يجمع بياناتك .. صادفت ذات يوم ولعل البعض منكم ايضا ان أحد الشركات تعرض الاف وملايين ارقام المستخدمين في ملفات اكسيل كنوع من بدأ خدمات الاعلانات الترويجية

قلت لنفسي يا للهول "كيف لتلك الشركات بهذه الكميات الهائلة من بيانات وارقام الهاتف" وتذكرت اني للتو سجلت بياناتي في أحد الشركات لأحصل علي كورس في اللغة الانجليزية مجانا..

هنا انا لا اتحدث علي ان كل الفرص هكذا

ولكن الاغلبية لأنه من الصعب فهم عقلية كرم الخدمات المجانية في تلك الايام

هي مجرد تجارة اذا ..

تجاهل الفرص

هذا الجزء قد يظهر متناقضا مع مقدمة الفصل فكيف ان تجاهل الفرص أحد أسباب الفشل والمقدمة تخوفني كل التخويف من الفرص بهذا الشكل...؟

الاجابة تكمن في الفهم الحقيقي للفرص

حين اقول لك توجد فرص وهمية وان الفرص غالبا ما تكون بقيم عادلة ليست ارخص ايضا اقول لك ان تلك الفرص العادلة هي فرص وان تلك الفرص بسعر اقل من العادل هي فرص لكن مع أخذ الحيطة معها

تجاهل الفرص أحد أسباب الفشل ليس فقد لأنك تفقد القيمة في الفرصة بل لأنك تندم بعد فقدان الفرصة

اذا ايهما اولي ان تساوت نسبة انها فرصة او لا ..؟

رغم ان هذا من الصعب لكن الاولي البعد عن المخاطرة

لا اقول ان النجاح في الاساس بعد عن المخاطرة والفشل هو المخاطرة لكن

هذا فقط عند تساوي الجانبين ..

الأمر قد لا يكون واضحا

الفرص تعطينا دفعا قويا نحو تحقيق ما نريد تحقيقه لكنها علي عكس المتوقع

غالبا ما تكون غائرة وغير ظاهرة للعامة والا فيتسابق الناس عليها ولن تكون هنا فرصة

فالفرصة اذا في منظور الغالبية هي ليست فرصة وفقط من يفهم معني فرصة سيجدها ويلاحظها ..

اما من لا يعرف معناها فإما انه لن يجد الفرصة او انه يبحث عنها ويتم استغلاله بفرص وهمية

اذا فتجاهل الفرص قد يكون ناتج عن الجهل بها وايضا قد يكون ناتج عن عدم فهمك لاهدافك من الاساس ماذا تريد..؟ وما يخدم هذا في مقابل معقول هو فرصة

تجاهل الفرص احيانا قد يكون انتظار لمعلقة من ذهب او ما يسميه البعض المثالية

ربما تعمل علي مشروع وتنتظر اللحظة التي يكون مشروعك كامل بلا اخطاء لتسلمه وهذا لن يحدث او ان تنتظر أحد يقدم لك خدمة مجانية وهذا لن يحصل لكن مشكلة عدم اتيان الفرصة أفضل بكثير من النصب والفرص الوهمية التي نتحدث عنها بعد هذا

الاهم ان تعرف الفرصة جيدا وبمجرد ان تجدها انتهزها

ما هي الفرصة اذا هي قيمة تحتاجها بسعر عادل او قيمة تمتلكها حتي ..

الفرص الوهمية

قد تظن اني اتحدث عن نفس الفكرة وانت محق

ففهمك للفرص يمنعك من تجاهل الفرص او الدخول للفرص الوهمية

الأمر بسيط وهو عملية توازن بين ماهية الفرص الحقيقية والفرص الوهمية

الفرص الوهمية هي تلك الفرص التي لا تخدم اهدافك ..

وتعريفك هذا يمنعك من اللغط كثيرا

لأنك ربما تري شيء ما يتهافت الناس عليه

ربما فتاة جميلة الكل يتقدم لها وترفضه وانت تظن انها تقبلك او سلعة يقال لك انها اخر قطعة

انت لست في تنافس مع أحد

الفرصة الحقيقية تخدم مصالحك اذا فان كان كل الناس يرونها شيء مفيد هذا لن يؤثر في كونها فرصة لك

الا اذا كنت تنوي بيعها

لكن هذا اصلا ان كانت يمكن بيعها ففي مثال البنت الجميلة التي ربما تقبل بك بعد رفض الاف الشباب ربما لا تخدم رؤيتك في الزواج بالاستقرار وقلة المشاكل والمعاكسات وقد تكون تلك نقمة لا فرصة

احيانا تدخل للسوبر ماركت تريد كيس من الخبز وتجد ثلاثة بسعر اثنين انت تريد واحدة

اذا فانت ستشتري الثانية طمعا في الثالثة

هي مجرد فرصة وهمية بالنسبة لك لأنك لا تريد الثالثة والثانية

الكثير من الفرص الوهمية التي يتم توفير تقييم سوقي لها

هنا وجب التذكير بان كل الاصوات يمكن شرائها فالمنتج الذي يقال انه قيم عبر الانترنت وتم بيع ٥٠٠ مليون منه لا يعني انه جيد بل قد يعني ان الشركة دفعت الكثير في الدعاية وانت كمشتري ستدفع تمن المنتج وثمن التسويق ....!

هذا ان كانت فرصة وهمية من النوع الجيد نعم لان بعض الفرص الوهمية قد تكون تدفع مال مقابل لا شيء

سمعت عما يسما "مستريحين"

او " نصابين في مصر "

هؤلاء الأشخاص الذين يدعون انهم يجمعون اموال للاستثمار ثم يقدمون بسخاء دفع مجزيا للبعض لاول شهر وهنا تعمل المشاركة في الحماقة علي نشر الفكرة فيبدأ الناس بدفع المال وفجأة بعد ان يصل الشخص لملايين جمعها مقابل دفع اسهم بسيطة كمقابل شهري للبعض يختفي الشخص

ربما يتم ايجاده او لا لكن لازالت فكرة الفرص الوهمية موجودة

ورغم ان البعض يتعلم من اخطائه الا انه يظل يقع في نفس الفرص الوهمية مرات أخرى طالما انه لا يعرف مفهوم الفرص بل وينظر الي الفرص الحقيقية ايضا انها ليست فرصا لانها لا ترضي طمعه

الطمع

الطمع كأحد أسباب الفشل يكمن في جني الإنسان الكثير ورغبته في المزيد قد يبدو الأمر فطريا في الشخص لكن الطمع هنا الذي يحب به الإنسان ان يكون أفضل ليس طمعا وانما طموح

انما الطمع كأحد أسباب الفشل هو ببساطة جهل فهو ارادة الإنسان بتحقيق مكسب اكثر من المتوقع دون عمل مجهود اكبر من المتوقع والمحصلة خسارة غير متوقعة

فالشخص هذا الذي عرض عليه ان يدفع مبلغ ويأخذ اموال شهريا اكثر من فوائد البنك او الكسب المنطقي انما هو طماع لأنه يريد تحقيق مال اكثر من دون جهد وهذه الفكرة جيدة لكن حين تجلس وتفكر وتضع فكرة للمشروع وتسهر الليالي وتخسر وتتعلم وتكسب ..

اما فكرة المكسب الكبير لمجرد انك وضعت اموال لدي شخص فقد كان الاولي ان يأخذ هذا الشخص اموال من البنك ويسددها بفوائد اقل مما يفعل مع الناس كما يعدهم

الأمر غير منطقي واعود واكرر الفرصة ليست معلقة من ذهب وطبق من فضة بل هي سعر عادل للقيمة فقط ..

الأمر الاخر والسيء في الطمع كأحد أسباب للفشل ان الشخص الذي يطمع لا يكون متعاون فهو لا يحب ان نكسب معا "اكسب وحدي او لا نكسب" يسمونه في في علم الادارة "فكر لا تعاوني"

وهو بذلك يسبب الفشل لأنه في حل المشاكل غالبا ما يبعد عن التفاهم فقط "انا اكسب" وهذا بخلق النزاعات خصوصا مع أشخاص من نفس الفكر ..

قد تبدو المناقشة السابقة كأسباب فشل للمؤسسات كنتيجة للطمع لكن للأشخاص ايضا فمجرد ارادة تحقيق نجاحا كبيرا دون عمل تقودك للفشل لأنك لا تنظر الي الخطوات المنطقية بل تضع اموالك في فرص وهمية طمعا منك لكسب المزيد دون تفكير

وللأسف هناك الكثيرون يستغلون هذا الفكر و يبدؤون باصطياده كما في الجزء التالي

المصيدة

بسبب جهل البعض وطمع الاخر وربما تجاهل العديد لمفهوم الفرص

يتجه الكثيرون لانتهاز هذه الفرصة ليحققوا الارباح من خلال غباء غيرهم فيما يعرف بالمصيدة تخيل معي شكل الفار وهو ينظر الي قطعة الخبز بكل سرور ويقول في نفسه "طعام جيد" وينسي ان ينظر الي ما تحويه من اداة صيد له ستأخذه واللقمة تلك الي الجحيم ..

الفرص الوهمية ربما أحد الشكال المصيدة

لكن المصيدة تتضمن احيانا اعلانات ممولة ببذخ واراء عملاء ممتنون للخدمة وربما حتي اساليب من الاقناع ..

ومع قليلا من فهم الإنسان لهدفه ومبادئه وقليل من الطمع يصبح الشخص فريسة سهلة للنصب والاحتيال والسرقة .. وهذا شكل من اشكال الفشل للأشخاص بكل تأكيد لكن حتي المؤسسات لا تنجو من هذا الا بشق الانفس فأفخاخ المؤسسات للمؤسسات ايضا موجودة فبعض المؤسسات تقدم عروض سخية للأخرى لتوقيع بروتكولات تعاون ومع العرض السخي تنسي الأخرى تنسي الأخرى المراجعة للشروط الكبيرة في المقابل ..

فكرة المصيدة ببساطة هي ان تعمي الشخص عن المقابل الذي يدفعه والقيمة المفقودة التي يدفعها مقابل ابراز ما يجنيه ..

قد تكون أحد استخدامات المصيدة القبض علي هؤلاء الأشخاص من تجار المواد المخدرة او القاتلين لكنها ايضا تستخدم بشكل اجرامي ضد بعض الطيبين او الاغبياء علي حد سواء ..

لذلك اعود بك الي الفصل الاول واسالك ما هدفك ..؟ ماذا تريد ..؟ وما خطتك لتحقيق هذا ...؟ ما مبادئك واضيف وما توقعاتك وفهمك للحياة ..؟

ان كان بعض العسكريين يقولون "ان الطريق بلا عقبات دليل علي انه مصيدة" فانا اقول لك "ربما وان كان نادرا ان بعض الطرق بلا عقبات في الحياة المدنية لكن الاهم ان تفكر جليا بمنطق وتنظر فتأخذ حيطتك وان لا تتجاهل الفرص الطبيعية التي تكلف اسعارا عادلة طمعا في الفرص الذهبية والخدمات المجانية "

لا شيء مجاني ..

كان أحد الاصدقاء يقول لي "ان لم تدفع تمن السلعة فاعلم انك السلعة"

الارتكاز علي نقطة واحدة

أحد أسباب الفشل المرتبطة بمفهوم الفرص هي الارتكاز علي نقطة واحدة ..

قد تسمع ان سعر الدولار او الذهب او غيره قل وتتجه لشراء بكل ما تملك منه فجأة يهوي سعره..

ربما تعتمد علي صديقك في كل شيء فجأة يموت او يتركك

الاعتماد علي نقطة واحدة في حالة الأشخاص والمؤسسات وغيرها هو أحد أسباب الفشل المعتمدة علي تقديرات الفرص ..

ربما سمعت مني من قبل ان التقييم يعتمد علي الاستدامة

فان كان اعتمادك علي شركة فأن احتمال سقوطك ان سقطت يتقارب من الواحد اما ان اعتمدت علي ٥ شركات فان احتمال سقوطك ان سقطت يقل الي حاصل ضرب كسور معدلات سقوطها والذي هو اقل بكثير

أحد الايام فتحت هاتفي لأتصفح أحد الملفات باستخدام برنامج قراءة النصوص وقد تعطل .. ولأني كنت اعتمدت عليه دون غيره فتسبب لي في مشكلة ومنذ ذلك الحادثة وانا استخدم ثلاث او اربعة برامج بالتبادل ..

الأمر قد يكون طبيعي واحيانا مقصود كنوع من المصيدة ..

بعض شركات التكنولوجيا الان تقدم خدماتها الذكية مجانا وبدون اي شروط وتدفع الكثير مقابل هذا حتي ان اعتمد الجميع عليها بدأت في وضع الشروط وانت مضطر لاستخدامها

ولعلك ايضا لا تشعر بتلك الشروط لان الشركات تلك تستخدم اسلوب التدرج في التغييرات فهي تبدا في تقليل الخدمات المجانية واتاحة المدفوعة ..

تطبيق اخر علي هذا هو النسخ الاحتياطية التي نستخدمها حتي ان انهارت المواقع نستخدم تلك النسخ ..

ربما اعتدت في مجال دراستي علي المراجعة الثنائية لاي تعرف للمريض من الاسم والرقم الطبي لان الاسم قد يتشابه والرقم قد يتعثر قراءته بشكل صحيح ..

الأمر قد يظهر سهل لكن احيانا قد نستخدم قيمة مقابل عدم الاعتماد علي نقطة واحدة فربما البرنامج المفضل الذي تستخدمه ستحتاج الي استخدام وأحد اقل تفضيلا وامكانيات

واداة الذكاء الاصطناعي التي تنشئ لك شيء ما انت بحاجة الي ٥ او عشر ادوات او حتي تحميل بعض منها للعمل في وضع عدم الاتصال

لتعمل الذي تعمل به بحاجة الي ان تعمل عمل جانبي تحسبا اذا انهي مديرك خدماتك ..

الأمر قد يكون تضييع للجهود لكنه تامين

كتأمين هذا الرجل الذي يقف علي السلم ويتعلق بحبل

ربما الحبل هذا يضايقه لكنه سيكون حبل النجاة

ورغم ان حبل النجاة هذا قد لا يستخدم كثيرا الا انه ربما تحتاجه

الغريب ان البعض يضع مجرد خطط للتعددية في الاعتمادية ولا يستخدمها او يجربها

وتلك كارثة لأنك في حالة احتجت هذا لن يعمل رغم انك دفعت الكثير فيه

كمثل الشخص الذي يعمل في مجال ويتعلم اخر ولا يجرب العمل به قليلا وقت انهاء عمله لن يقدر علي العمل في المجال الاخر ..

الأمر قد يكون في الاشياء البسيطة كحزام البنطال ان انقطع أحد الازرار او حتي خزان مياه ان انقطعت لكنه قد يمتد الي التعددية في العلاقات الدولية وعلاقات الشركات وما هو اكبر من هذا

فقط افهم لماذا الاعتماد علي نقطة واحدة أحد أسباب الفشل ...؟

لأنه يجعل سقوطك مرهون بسقوط النقطة وكلما زادت النقاط قل معدل السقوط .. لكن احذر ايضا من التعدد المفرط فانت ربما بحاجة الي ثلاث او اربع نقاط لكن ليس مائة لان هذا سيزيد من الاعباء والقيم المفقودة وسوء التخزين للقيمة .

الخوف من المخاطرة

فكرة انه اي فرصة في الدنيا بيكون فيها جزء من المخاطرة صعبة جدا

لأنه ببساطة انت بتجرب حاجة جديدة وطريقة جديدة ومحدش يعرفها قبلك او علي الاقل انت متعرفش عنها فالموضوع بيكون صعب طبيعي لكنه مجزي انك بتوصل لل انت عاوزه وهو انك تعدي وتوصل قبل الكل..

لكن علي النحو التالي في الخوف من المخاطرة وده أحد أسباب الفشل المرتبطة بالفرص

علي سبيل المثال لو قلنا ان قيمة الذهب ثابتة ومش بتخسر وقيمة المنتجات ال هتشتريها عشان تبيعها ممكن تقل لسوء تخزين او حتي انتهاء صلاحية لأنك مبعتهمش ..

فالخوف من المخاطرة انك تقول وليه اجرب حاجة تخسر خليني في الامان وبلاش ناخد المخاطرة ..

ببساطة دا هيؤدي لأنك تتجنب اي مكسب ... لأنك خايف من الخسارة ..

طيب الخسارة ممكنة في المخاطرة .. ؟

اه ممكنة بس ما دام انا علي معرفة بالمشاكل ال ممكن تقابلني فنسبة الخطورة بتقل لأنك بتبقي عارف المشاكل جاية منين وبتتجنبها

اه ممكن تحصل بس بتتجنبها ..

انما تجنب المخاطرة والمكسب بيكون في النهاية نقطة ثبات بالنسبالك في عالم نامي لا يكفي ان تحتفظ بحالتك بل ان تتقدم

اه في خطر... بس في مكسب

تجنب المخاطرة عامل زي ال بيقرر الموت البطيء في الصحراء عشان تاه وبدل ما يسعي ويبحث عن مايه او اكل او طريق نجاة ونشر رسايل استغاثة او عمل ماوي

لا ... بيقرر انه ميخاطرش وانه يكمل في هدوء

اه هيحتفظ بطاقته بس مع الوقت هيفقد اصلا قدرته عالمخاطرة لان طاقته مبقتش تسمح بده

المخاطرة هي أحد مبادئ التجارة من الاساس ومن خلالها بيتم تحقيق نمو لكن لما بتكون علي اساس توقعات ودراسة للسوق وفي الحياة بصفة عامة المخاطرة بتكون اساسية للنمو سواءا في شكل تجارب او حتي في شكل الخطأ والتعلم منه لولا المخاطرة لما اكتشفنا كل الادوية التي تعطي في المستشفيات ..

ورغم ان المخاطرة احيانا تكون لها عواقب وخيمة ـ لا أحد ينكر ـ لكنها مع حسابات دقيقة يمكن ان تكون مجرد خطوة ناجحة منطقيا ..

اذا فالحل هو التفكير في الأمر ماذا نريد وما هي خطتنا ما هي الفرص امامنا وايضا ما هي المخاطر في بعض الاحيان نحتاج الي تحليل المخاطر للشركات مثلا بشكل نصف سنوي وهو تحليل معروف في ادارة الأعمال لكن حتي في القرارات الشخصية التي فيها مخاطرة فانت بحاجة الي تدبر الأمر وحساب المكاسب والخسائر المميزات والعيوب وفهمك للعيوب ليس فقط يظهرها لك بل يجعل لك امكانية التغلب عليها ..

الانتظار

الانتظار هو اكبر عدو للإنسان من وجهة نظري وليس فقط سبب للفشل رغم ان بعض الاحيان تتطلب حسابات دقيقة لكن مجرد التفكير في الانتظار أمر مرعب ولا اتحدث عن تلك الاوقات التي تبدا فيها في اجراءات ما قبل التنفيذ بل اتحدث عن تلك الفترة التي تنتظر فيها تغير ظروفك المحيطة او ان يقوم شخص ما بفعل معين لتعطي الرد .. الأمر فعلا مرهق لأنك لا تعلم متي يحدث هذا وان كان سيحدث وما هي نتائجه ..

الأمر كمن يقول انا انشئ عمارة فلا ننتظر حتي يهوي سعر الحديد او هكذا او ان تذهب في ميعاد مع شخص مقرر له السابعة والنصف وتنتظر حتي التاسعة

لأنك بكل بساطة اثناء الانتظار تكون تضيع الوقت وانت تقول المنحني اقترب نعم سعر الحديد ينزل ثم يعلو او ان صديقك ان لم يأتي في الميعاد وانت انتظرت ساعة فتقول غالبا انه لن ينتظر اكثر ..

ببساطة لو انك نسيت المبادئ التي وضعتها لنفسك ربما كان منها ان لا تقبل الانحراف عن المواعيد تدريجيا ..

الأمر اشبه بمحاولة تكيف يائسة

في أحد تجارب اجريت علي ضفدع ظل يتكيف مع الحرارة الي الوقت الذي لم يعد فيه حي بسبب وصول الحرارة للدرجة القاتلة

انت تنتظر فرصة احسن من الفرصة الحالية وتنسي ان كون الشيء متاح بقيمة عادلة في حد ذاته فرصة كافية

ربما لأنك اخطأت المعادلة لأنك ببساطة مثلا ربما تقول الهاتف سعره كذا وانا انتظر ان يصل سعره كذا

اولا سعره كذا ان كان مناسب فهي فرصة وأحصل عليه حتي ان وصل الي سعر اقل في المستقبل فانت لم تخسر شيء لأنه سلعة للاستخدام لا البيع وبالتالي فوقت اسبقيتك لاستخدامه كافيا لان تدفع المزيد

لكن الأمر يختلف ربما في شراء المواد لغرض البيع فربما تنتظر احيانا تهيء الفرصة

لكن الثابت ان لا تنتظر طالما كانت الفرصة امامك وانت تفهم معني تلك الكلمة جيدا

منظور عبور النهر

منظور عبور النهر هو أحد الافكار الغريبة حين تناقش علي انها أحد أسباب الفشل ..

الكثيرون كل ما يفكرون به هو الجانب البراق من الاجراء كل ما ينظرون اليه هو عبور النهر ..

لكن ماذا بعد عبور النهر

ماذا عن الانهار الاخرى والجبال والهضاب والمستنقعات

ماذا وراء النهر .. ؟

الفكرة في حد ذاتها غبية

حين تنظر الي انه

ما دمت اعبر النهر وافعل شيء صعب اذا انا انجح ..

ربما فكرة تحقيق ما تريده متعبة لكن ليس معني تعبك ان تحقق ما تريد

الكثيرون هنا ينظرون وكان مرارة الدواء تتناسب طرديا مع فعاليته وكان الجهد يتناسب طرديا مع ما تحققه .. وهذا أمر غريب وغبي مرة اخري

عبورك النهر وعناءك لا يضمن لك ان تصل ربما عبور النهر أحد اجزاء الخطة لكنه في حد ذاته ليس الا مغامرة ...

الاستكشاف في حد ذاته أحد الامور الهامة لكن عندما تكون بهدف وخطة واجراءات سلامة ..

اما منظور عبور النهر هنا فهو نظرة الأشخاص الي الصعوبات علي انها الطريق الي النجاح ..

وهذا ربما يرتبط بفهمك لهدفك وتعريفك للفرص في الاساس فعلي العلم ان الفرصة تعني شيء او خدمة بقيمة عادلة

فهي ايضا لا يجب ان تكون اكثر من قيمتها ..

فحين تصنع دواءا يعالج القلب ويدمر الكلي فهذا ليس انجازا ..

وحين تعبر النهر لتصل الي مكان اكثر امانا من الحيوانات المفترسة .. فلا تنسي ايضا انك بعيدا عن الطعام ..

رغم ان مشكلات البيئة غالبا ما يكون التعامل معها بالترك والتغيير الا ان التغيير يتطلب خطة كي لا تنتقل من السيء الي الاسوء انت بقرارك عبور النهر او ترك الشركة او حتي انهاء علاقتك او الطلاق او تغيير منزلك ربما تتخلص من بعض المشكلات التي لديك لكن الحكمة في الموازنة بين كلا الجانبين بين المكان الذي انت فيه والمكان الذي ستذهب اليه .. بحثا عن المكان الأفضل ومتجاهلا ان لكل مكان مشاكله

اسمع كثيرا ان شخص يعمل في مجال يحسد غيره علي ما يحققه وينسي انه حين دخل الي مجاله كان قبل ذلك يحسد نفسه علي ما يحققه من فيه والان ها هو يلوم نفسه ..

احيانا تكون الاشياء البعيدة بجمال خافت لأنك تراها من الخارج فقط وربما تكون تلك الخدعة فاغلب الحيوانات السامة ملونة تظهر جميلة اما ما يؤكل فهو غالبا بلا لون مميز

ربما الفكرة غالبا ما تكون في الواقع

انت تري الجانب الاخر من النهر والشركة الأخرى كأنها الجنة لكنك لا تعلم ما يجري في الكواليس ..

لذلك سواء كنت فردا او مؤسسة قبل ان تغير الواقع فكر مرتين مرة في الامور الجيدة لديك ومرة في الامور السلبية لدي المكان الذي تنتقل اليه او الحالة التي تتحول اليها

وانا متأكد انك ستفكر علي التوازي بالمشاكل التي لديك والفوائد هناك .. والان بالتوازن بين الاربع جوانب تتحول فكرة التحديث وعبور النهر كما نسميه هنا الي حال افضل.. فحتي ان لم تمنعك تلك الافكار من التغيير وهذا بالتأكيد ليس هدفا لان الاساس ان نحقق ما نريده

فعلي الاقل ستعطيك فهما وتقديرا مسبقا للمشاكل المتوقعة لحلها مسبقا ..

التكيف

علي النقيض من المنظور السابق غي عبور النهر وان الوضع الحالي اسوء مما سيكون ان انتقلنا او تغيرنا فهنا التكيف كأحد أسباب الفشل علي المدي البعيد ..

التكيف في معناه البسيط ليس سببا من أسباب الفشل ولكن التكيف علي المدي البعيد هو سبب الفشل

حينما تقرر ان تعمل في شركة علي اساس خبرات وقدرات وامكانيات فانت بالطبع ربما لك امكانيات أخرى

ربما انت قادر علي برمجة المواقع او علي تشخيص الامراض لكن هذا لا ينفي بالتأكيد انك تستطيع ان تنقل ورقتين من مكتب الي مكتب او ان تنشر منشور في صفحات السوشيال ميديا ..

وعلي هذا فقد يتطلب عملك كمبرمج نشر منشور علي السوشيال ميديا وكطبيبة علي نقل ورقتين من مكتب لاخر يحويان تشخيص المريض ..

لكن ماذا بعد ....؟

ماذا ان كان عملك اصلا كمتدرب لدي مطور ويب اخر او كطبيب مساعد .. ووجدت نفسك كل ما تفعله انك تنسر علي التواصل الاجتماعي او تنقل الاوراق ..؟

هنا هو مفهوم التكيف الذي هو أحد أسباب الفشل ..

التكيف اذا كأحد أسباب الفشل هو التحول من المهارات والقدرات الاساسية التي تعلمتها لتعمل بها في الاساس الي مهارات جانبية يمكنك فعلها لكن الكثيرون يفعلونها مثلك ..

قد يطرح سؤالا هنا .. ؟

ما المشكلة ان كان توصيفي كطبيب وافعل كذا او كممرض وانا فقط انقل عينات الدم او كمطور ويب وانا فقط انشر المقالات ..

المشكلة لا تكمن علي المدي القصير يا عزيزي فطالما انك تعمل في الشركة تلك او العيادة تلك فانت تربح ما تربح سواءا طبيبا يشخص الامراض او طبيبا ينقل الاوراق

المشكلة يا صديقي في الاحتفاظ بالمهارة والمعلومات وتطويرك من ذاتك انت بتكيفك مع روتين يومك الذي لا يناسبك تنسي ما يناسبك في الاساس ومع مرور الوقت ستصبح مجرد ناقل للاوراق وناشرا للبوستات وموصلا للعينات لا تستطيع ان تفعل غيرها ومع الوقت ستتحول من طبيب يعمل في اي مستشفى بخبرته الي مجرد طبيب لا يجيد الطب وهو بذلك سيكون عمله مرتبطا كطبيب بالمكان فان طرد منه لم يعد طبيبا او مطور ويب او حتي ممرضا ..

هنا انت تنسي تعريفك لنفسك وتحول نفسك بالتدريج من نفسك الي مجرد ترس في ماكينة ضخمة رغم ان هذا ليس عملك ..

لكن المشكلة تكمن في حالة تحركت من مكان الي مكان او تم طردك ..

ولأنك تحولت من صاحب مهنة لصاحب وظيفة

ولأنك ببساطة تحولت من رجل يربح من علم لديه واعتمادا علي الله الي مجرد شخص يفعل ما يطلب منه ..

ربما التكيف في منظور البعض يعني ليونة لكن تلك الليونة ليست سببا من أسباب الفشل في الاصل طالما انها لم تؤدي الي تقصير في امور أخرى ..

انما التكيف هنا كأحد أسباب الفشل هو نمط حياة يحولك من حر الي عبد ومن صاحب مهنة يعمل في اي مكان الي صاحب وظيفة لا يعلم كم سيستمر بها ...

ضيق المنظور

كأحد أسباب الفشل للأشخاص والمؤسسات علي حد سواء هو ضيق المنظور ..
وهو ببساطة النظر الي القليل حولك دون الرجوع خطوة للوراء لألقاء نظرة شاملة علي الصورة الكاملة

وضيق المنظور قد يكون جزء من الفشل خلال مرحلة التعريف بنفسك او حتي خلال مرحلة الانتاجية

يبدا الشخص في التدقيق والتركيز علي تفاصيل الاجزاء الصغيرة وينسي الصورة الكاملة ..

ينظر الي انخفاض صغير في سعر من ضمن انخفاضات هي كسن المنشار وينسي سلسلة من الارتفاعات الممتدة لسنوات ..

ضيق المنظور هنا يؤدي للفشل ليس لأنك تري هذا الانخفاض بل لأنك بتركيزك علي هذا الانخفاض الصغير تلهي نفسك عن المشكلة الكبيرة ..

لعل أحد اكبر الامثلة علي هذا هو راحة مريض جلطات صغيرة في القدم لحظة انتقالها وتوجهها قبل الوصول الي الرئة

ضيق المنظور احيانا في النظر الي المشكلة لحلها يحول دون الوصول لحل حقيقي وكل ما يفعله هو الوصول لحل وهمي ..

كان أحد المحاضرين يقول لنا "ماذا لو قلت لكم كيف تدخلون فيلا لهاذه الغرفة ...؟"

وهنا بدا الجميع يفكر ..

نقطعه ام نكسر الباب ام نخدع الفيل ام ... ام ..الخ

لكن هذا مجرد ضيق منظور ..

انت تنظر الي المشكلة وتنسي ان تفهم سببها ..

ان كان المطلوب هو صعود الفيل الي الغرفة

فان الاصل في المنظور الكامل هو لماذا تصعد الي هنا ...؟

ليس الأمر بلا فائدة انما هو اساس الحل لأنه ان كان صعود الفيل له ٥ حلول فربما حل المشكلة الاساسية التي نحتاج من اجلها صعود الفيل للغرفة لها خمسين حل ..

مهارات حل المشكلة التقليدية هي جزء من ضيق المنظور

حينما تنظر الي هذا السائق وتقول انه تخطي السرعة

وتبدا بالتفكير في ادوات لتقليل السرعة كأنك حددت المشكلة الاساسية انها السرعة

وهذا ضيق منظور

لان السرعة في حد ذاتها ليست المشكلة الاساسية ربما بل الاصابات في الحوادث

فلو اننا اعتبرنا السرعة هي المشكلة

لقمنا بتركيب الرادارات وراقبنا السرعة

لكننا حين ننظر بمنظور متسع

الي مشكلة الحوادث والوفيات منها

فربما نفكر في الحارات المرورية والطرق المتسعة والاضاءة الجيدة والمعابر الامنة للأشخاص

بدلا من الطرق الغبية في المطبات والرادارات واشارات المرور ..

الجهل بمنظور التعددية

لاختلافنا علي الكوكب وفي الكون نعمة كبيرة كما يقال "لولا اختلاف الاذواق لبارة السلع" وبالمثل في هذا الاختلاف فقد تكون آراءنا في شيئا ما مختلفة هنا يبدا الأمر جدا غريب لكن المر في الواقع ابسط مما يكون

أحد الفقهاء ربما يقول لننظر الي راي غيرنا وان كان صواب ومقنع اقتنعنا به لكن النقطة الاهم ان كون أحد الآراء صحيحا لا يعني بالضرورة خطأ السبب الاخر وان خطأ أحد الأسباب لا يعني بالضرورة صحة السبب الاخر ..

منظور التعددية يفترض ان لكل أمر وأحد او مجموعة من الأسباب تتشارك في حدوثه بنسب متفاوتة وتأثيرات مختلفة

فربما أحد الأشخاص يقول سعر الهاتف يتأثر بمعدل الطلب عليه والاخر يقول انه يتأثر بتكلفة الانتاج

والواقع انه من منظور التعددية يتأثر بهذين السببين الي جانب ملايين الأسباب الأخرى صعودا وهبوطا ..

ولهاذا وانت تفكر في وضع خطة او بدأ مشروع وانت تفكر في أحد الأسباب للفشل

لا تقف بضيق منظور وجهل لمنظور التعددية

سبب المشكلة لم يكن هذا بل كان هذا

لذلك ليس علينا فعل كذا بل فعل كذا

انما علينا التفكير مليا في الأمر والنظر الي كافة الأسباب المتوقعة والمحتملة لوضع حلول لها قد تكون هناك اولويات لكن بالتأكيد هذا لا يمنع الي النظر بشمولية ...

وجهل منظور التعددية علي هذا يكون أحد أسباب الفشل للفرد والمؤسسة علي حد سواء فالمؤسسات حينما تبدا في مشروع ولا تحقق هدفها لابد ان لا تنظر الي مجرد اسلوب وأحد لزيادة هذا الهدف مثلا بزيادة اعلانات الترويج بل ايضا لزيادة الجودة في منتجاتها او خدماتها وحسن الاستقبال لعملائها وهكذا ..

علي سبيل المثال فان الرعاية التمريضية المتكاملة روحيا وجسديا ومعنويا هي أحد التطبيقات علي منظور التعددية التي بدأت عام ١٩٨٠ وغيرها الكثير ..

شكوي المريض اذا من الآم المعدة ليست بالضرورة سببها التهاب او نحو ذلك انما ربما العودة الي السبب الاساسي تقودنا الي المشاكل النفسية او نقص الغذاء او الظروف البيئية ولهذا حين التفكير في المشكلة فإننا نعود لنفكر في كل المشاكل المحتملة سوآءا لها تأثير مباشر في ظننا او لا علي المشكلة الظاهرة ..

وحل تلك المشاكل الظاهرة لنا يقود في النهاية الي التقليل من المشكلة الرئيسية اما في الأشخاص فجهلك بمنظور التعددية ربما يجعلك تنظر الي ان نقطة البدا تحتاج الي مال والمال يحتاج الي نجاح سابق وتدور الدائرة لكن منظور التعددية انك تمتلك العديد من الامكانات والبدأ في استخدام تلك الامكانيات جزئيا مع زيادة

تدريجية تبدأ في الانتقال من دائرة الفشل ليس لدي مال فلن اعمل فلن اكسب المال الي دائرة النجاح

لدي مال و انا اعمل ويتم تقييمي جيدا و انال الثقة فأحصل علي عمل ومال ...

الشروط الجزائية

قد تبدو مشكلة الشروط الجزائية أحد المشاكل التي تقود المؤسسات للفشل و هذا صحيح فهذا المصطلح معروف في مجال المؤسسات اكثر من الأفراد ويقصد به هذه القيمة التي تدفعها الشركات حالة عدم تنفيذها ما تم الاتفاق عليه مع شركات أخرى و هذا أحد أسباب الفشل غير المطلقة

فليس معني ان الشركة مضت عقد و التزمت بشرط جزائي انها تفشل ولكن عدم وضع تلك الشروط الجزائية في الاعتبار هو السبب المقصود ..

عندما تقرر احدي شركات المقاولات مثلا ان تحصل علي عقد تنفيذ منشاة معينة وتمضي شرط جزائي حالة عدم التنفيذ ٥ اضعاف ما كانت ستجنيه من تنفيذ المنشاة اصلا .. الأمر جدا غريب هو فعلا ضمان لحق الشركة المتعاقدة و الطالبة لتنفيذ المشروع لكن ليس اعلي من سداد ١٢٠ بالمائة من المبلغ ان كان قد تم دفع قيمة التعاقد كاملة او ٢٠ بالمائة ان لم يكن تم دفع اي مبالغ او ما يعوض عن تلك القيم

بعض الشركات تري الشرط الجزائي مجرد ارقام علي ورق و انه لن يدفع الا في حالة التنفيذ فلما نخاف لنجعله ١٠ او ١٥ ضعف ما المشكلة ....؟

المشكلة ببساطة انك لا تعيش منفردا في هذه الحياة انت تعيش في ارض داخل دولة ولها حقوقها وقوانينها التي تتغير وربما انت اتفقت علي هذه الصفقة بناءا علي محددات وفجأة تم تغير المحددات مثل ضريبة ما او حتي اسعار التنفيذ تغيرت او او الخ ..

اذا فلست وحدك من تقرر ستقدم ما وعدت به ام لا انما الكثير من العوامل الخارجية و انت حينما تقرر تجاهل تلك القيم باعتبارها ارقام علي ورق تجازف بقيم اكثر بكثير ما كنت ستربحه

الأمر مشابه بالنسبة للأشخاص لمشروع قائمة المنقولات الزوجية

البعض من الاباء ربما يقول هي حق الابنة وضمان حقوقها و الازواج من الرجال يرون ربما انه "لماذا اخاف لن ادفعها طالما اننا متصالحين ..؟"

وينسي شركاء الزوجة في الزواج

نعم ...

فالزوجة حينما تكون قبل الزواج ربما تظهر من اللطف و الدلال ما تتحلي به
لزوجها لكن ماذا بعد الزواج والظهور بحالها كما تظهر بطبيعتها وتتدخل امها
طمعا في نفقتها وحاجتها وتحدثها ساعية للخراب ان ابو ها طلب من المال الكثير
في القائمة و انها ان رأت طلاق من زوجها خيرا فهي الرابحة ..
انت لابد اذا من ان لا توقع علي غير ما تملك او اقل منه
اما التحدث عن انه مجرد توقيع ولن يدفع اذا فلما توقع و هل انت تملك اضعاف
ما دفعت في الزواج حال الطلاق ..؟
الشرط الجزائي هو أحد أسباب الفشل التي ترتبط بالفرص فالبعض ينظر الي
ما يجنيه من الزواج ومن الصفقات ويتجاهل ما قد يدفعه حالة مشكلة
الاصل في الفرص ان تستثمر بما تملك ليس استلاف وأخذ قروض وتداين
لان هذا ليس الا استثمار للمقرضين وليس انت

الجودة الذائدة

ان كان صاروخا واحدا من فئة معينة من الاسلحة النووية قادر علي تدمير الحياة
علي كوكب الارض .. فلما نمتلك منه اربعة او خمسة ..؟
وان كان هاتفا بمتانة وجودة معينة لماذا اذا نحتاج الي هاتف مضاد للرصاص
مثلا ..؟
لماذا قد نحتاج الي حذاء يعيش ٧ سنوات لطفل بينما سيحتاج الي اخر خلال
سبعة اشهر ليس لأنه تمزق ولكن لان قدم الطفل قد نمت وتحتاج حذاءا اكبر .. ؟
البعض لديه فهما خاطئا للجودة علي انها الشيء الأفضل في الاداء والاكثر
عمرا والأفضل في كل خصائصه ويتجاهل عنصر السعر في الجودة ..
فمفهوم الجودة الحديثة يميل الي ان يكون أفضل الاشياء اداءا بالنسبة لسعرها
فمثلا ماذا عن حذائين بقيمة ٤٠ جنيه مصريا لكل وأحد منهم يقضيان نفس
العمر وبنفس الراحة التي يعطيها حذاءا اخر وأحد ب ١٠٠ جنيه ..
اذا الحذائين ارخص من الواحد واعلي جودة ..
جنون الجودة ربما اصاب الكثيرين وهو أحد أسباب الفشل ..
فعلي مستوي الشركات وحتي الدول ..
لا حاجة لشراء هذه المنتجات الغبية في غالب الاحيان كالمنتج الذي هو غذاء
مخلوط بالدهب او ان نسبة البروتين فيه ٤ اضعاف العادي في الابقار .. او الخ
حتي في التصنيع ربما بعض الشركات لديها هوس الجودة و هي تحاول تحقيق
اعلي جودة بالمفهوم التقليدي وتتناسبي كم شخص سيحتاجها

والأشخاص ليسوا في منأى عن تلك المشكلة فالبعض ايضا يجد نفسه قد انجز مشروعا برمجيا او غيره ويخاف ان يعرضه .. لماذا ..؟

لأنه يريد ان ينتظر لمراجعته حتي يكون الاعلي جودة

لا باس بالمراجعة لكن ليس معني هذا ان تظل حياتك تعدل علي كتاب ولا ينشر الا بعد موتك او لا ينشر ..

جنون الجودة او حتي فهمها الخطأ هو أحد أسباب الفشل للأشخاص والشركات سواءا كنت تقيم منتجا للشراء او تنتجه وتبيعه

فكر بعمق واتساع

ايهما أفضل ...؟

اعرض منتجي الان واطورها مستقبلا واربح ام اظل اطور طيلة حياتي..؟

هل انا بحاجة لهذا البنطال الذي سيعيش لمائة عام بينما انا لا اتوقع ان يعيش إنسانا ماة عام ...

الأمر مضحك لكنه بعيد حساباتك للنظر الي الجودة في مقابل السعر فانا احتاج لبنطال ربما جيد لكن ليس لمائة عام

وقيس علي ذلك في مجال تعليمك كشخص او تعاقداتك كشركة

الفصل التاسع

يناقش هذا الفصل أسباب الفشل المرتبطة بالتحديات ونذكر ستة عشر سببا منها جهل التحديات وتجاهل التحديات و اضاعة الوقت في الشكوى والفهم الخاطئ للتحديات والحلول المؤقتة للتحديات والنظرة السوداء و عدم انتظام التقييمات واعتمادية التقارير الغير دقيقة واستيراد الحلول و شخصنة التحديات و منظور اطفاء النار بالنار ومنظور الكل ضد الكل ودائرة الانتقام ومنظور الشك المطلق و منظور جزء من الكل ومنظور خرق السفينة

جهل التحديات

جهل التحديات هو عدم معرفتك بالتحديات التي تواجهك في الحاضر او المستقبل وسواءا كان هذا الجهل عن قصد اي انك لم تقم بخطة لكشف التحديات والتعرف عليها او انك لا تفهم موضوع التحديات من الاساس و هذا للأفراد والمؤسسات علي حد سواء

و هو أحد أسباب الفشل لأنه يمنعك من وضع خطة للتغلب علي تلك التحديات لأنه بالتأكيد اي خطة تضعها وانت لا تعرف التحديات تلك من الاساس .. ؟!

في علم الادارة فان البدأ بأي مشروع يتطلب عمل تحليل يسمي "سوت" وهو من ضمن اجزاءه الاربعة تحديد التحديات والفرص

هذا لان فهم التحديات ليس جزء مرحليا وانما يبدأ منذ ان تنشأ الفكرة ..

منذ يومين او ثلاثة عرض علي صديق فكرة ..

ولعلي وعدته بمناقشة ولكن .. لم يكن يعرف كم المشاكل والتحديات امامه بالتالي كانت خطته بسيطة تلك البساطة التي لا تكفي لان تنشئ خطة

معرفة التحديات قد تحتاج استشارات واراء وتجارب وليست فقط مجرد ان تمسك بالورقة وتكتب التحديات التي يمكن ان تقابلك ..

وبعد كم المعلومات هذا تبدأ في تحديد واستخراج تحديات ابسط من التحديات الاولي وهذا من اجل وضع الخطة للتغلب عليها ..

وحتي الإنسان

يحتاج كل فترة ربما ستة اشهر بالاكثر ان يجلس مع نفسه ويحدد التحديات التي تواجهه مثل نقص المال او مشاكل اسرية او مشاكل مع اصحاب السكن او حتي مشاكل بالعمل او مشاكل عالمية تؤثر عليه ..

اذا فجهل التحديات هو الخطوة الاولي لما بعده وهو تجاهل التحديات وبالتالي عدم وضع خطة للحل وبالتالي الفشل في ما تفعله كإنسان ..
ما الحل اذا ..؟

ان تفهم وتؤمن ان التحديات موجودة وهي جزءا من الطبيعة وان عليك وضع الخطط لتجاوزها وان تلك الخطط ليست بالضرورة تقضي علي كل التحديات بل لتقليل التأثير وان تضافر الخطط وتنوعها تساعد علي تقليل تأثير تلك التحديات الي ابعد الحدود

والتحديات بطبيعتها متغيرة ومتزايدة اي انك ربما حين تفكر في امر ما تكون التحديات مجرد نقص الوعي بالفكرة نقص التمويل لديك عملك الثاني او حتي الحاجة لموارد من الخارج

لكن مع الوقت تجد مثلا وباء مثل كرونا فاصبح حتي التسويق صعب وحتي فتح المحل او المكان اصبح صعبا لتوجه الناس لشراء الادوية بدلا من الترفيه الذي تقدمه ربما ..

تجاهل التحديات

تجاهل التحديات هو مرحلة تكون فيها علي علم بالتحديات التي تواجهك ولكنك لا تأخذ الخطوات لحلها سواء لعدم تقديرك لتلك التحديات او لعدم توفر الامكانيات لديك ..

وحقيقة لا يمكنني التمييز بين جهل التحديات وتجاهلها ففي تلك الحالتين انت لم تأخذ الخطوة للحل ولن تأخذها

فسواءا كنت تعرفها كما في التجاهل او لا كما في الجهل
فلا زيادة ..
انت لا تتفكر في الحلول لتلك التحديات ..
لكن لماذا تتسبب تجاهل التحديات في الفشل ..؟

ببساطة التحديات تلك قد تكون تحديات مالية وبتجاهلها تفلس الشركة او يتداين الشخص ويصل الي الحبس ربما فالشخص الذي لا يتفهم ان مشكلة ان ليس لديه دخلا كافيا تحدي او انه يتفهم ذلك لكنه لم يتخذ خطوة للحل هو بذلك في طريق فشل مدقع ..

والاخر الذي لديه تحديا في تأكل دائرة عملاءه ربما او اصدقاءه وان كان يتفهم هذا او لا فهو بذلك في طريق الفشل ايضا لان مع الوقت ستستفحل المشكلة فبدلا من نقص العملاء عميلا او اثنين يوميا سيصل المقدار والمعدل ارقام اكبر

وحتي في المستوي الشخصي فنقص الاصدقاء ليس فقط سبب تافه للمشاكل وانما سبب من أسباب الدخول في الانعزال والاكتاب وقلة القدرات فكما في المثال السابق الشخص في وقت المشاكل سيتجه لصديق ليعاونه او ليقرضه اما مع فقدان هؤلاء الاصدقاء فتقل امكانياته وعلاقاته

اضاعة الوقت في الشكوى

لكل تحديا يحتاج الكثير من الوقت لمعرفة انه موجود ثم وقت اخر لفهم المشكلة ثم وقت اكبر لحل هذا التحدي والتغلب عليه

وانت حين تستمر في الشكوى فانت قضيت الوقت في معرفة التحدي والوقت في فهمه وبدلا من ان تقضي الوقت الاهم لحل التحدي تقضي الوقت في الشكوى التي لا تحل

الموضوع قد يفهم علي نطاق ضيق انه حينما تكون المشكلة ناتجة عن أمر خاص بي فلا يجب ان اشتكي وان الشكوة ممكنة في حالة ان كانت المشكلة او التحدي مثلا في بذاءة لسان الزملاء او مشاكل ادارية معك في العمل او خلافه..

ولكن أحد أسباب الفشل بصفة عامة للأشخاص هي اضاعة الوقت في الشكوى حتي لو انك ليس بيدك حلول للمشكلة لان تلك الشكوى التي ليس لديك حل لها ليست تحديا وانما هي مشاكل بيئية والحل في غالبها هو الخروج من تلك البيئة ..

فانت لست بحاجة الي تكرار الشكوى مرات عديدة للمديرين معك لتخبرهم ان أحد الزملاء يأتي متأخرا في اوقات عمله وانت تضطر لانتظاره اكثر من وقتك او ان أحد من يعمل معك يضر بسمعة المؤسسة وهذا يضر بك كونك جزء من المؤسسة

فمن الطبيعي ان يكون المسئولون في تلك المؤسسة علي دراية بتلك المشاكل ويراقبوها ان كانت فعلا مشكلة وان كانت مرة عابرة بعذر مقبول فلست مضطرا للشكوي ايضا لأنك بهذا تصنع مشكلة من اللا مشكلة

اذا فان كانت المشكلة ضغط مؤقت او تأخر أحد الزملاء العابر او خطأ غير متكرر فلا شكوي لانها لا تحدث كثيرا ..

وان كانت تتكرر فلا شكوي لان حدوث هذا بدون دراية المسئول عن المكان في حد ذاته مشكلة بيئية ..

الشكوى في حد ذاتها تصنع المشاكل

فان كانت هناك اخطاء في حقلك متكررة فانت حين تشكو "تزيد الطين بلة" فلربما اصبحت انت هذا الشخص المكروه من المكان بتلك الشكوى

ولربما كررت هذا السبب كثيرا ..

احذر ..

انت لا تملك الاخرين لتغييرهم بل تملك نفسك لتنقلها الي مكان مناسب وان كانت كل الاماكن لا تناسبك فانشأ مكانا مناسب

اياك ان تظل تشكو السنين وتلعن الايام علي قلة الفرص فلربما انت تفهم الان معني الفرص ..

الاستمرار في الشكوى اذا ليس أحد أسباب الفشل فقط لأنه يضيع الوقت ولكنه يضيع العلاقات فسواءا كنت تشكو من شخص او تشكو اليه فكلاهما سيكره التعامل معك فمن تشتكي اليه ان كان صديقا سيمل ومن تشكو منه سيغضب ويمكر ..

وحتي في اجمل طرق الشكوى بالشكوى المجملة كمي اسميها او كما يقال الناصح "هذا جميل ينقصه فقط كذا لكنه جميل "

البعض يراها شيء جيد لكنه رغم هذا علي المدي الابعد ربما يثير حفيظة الأشخاص من الغيرة .. لكنه أفضل بكثير من الشكوة التقليدية ..

اذا فإضاعة الوقت في الشكوى علي كل احواله أحد أسباب الفشل للأشخاص

اما المؤسسات فلا يمكنها الشكوى لان مجرد اعلان ان الشركة تفلس او ان لديها مشاكل لن يزيد الارباح او حتي يحافظ عليها ولن يثير عاطفة أحد ربما كان البعض من الأشخاص يشتكونا طمعا في ان يعطف عليهم أحد فيحل المشكلة

لكن الشركات واعلان الاخطاء ربما وارد لكن التوجه بإعلان المشاكل الداخلية يعني انهاء الشركة من الاساس وكذلك المؤسسات ..

الفهم الخاطئ للتحديات

الفهم الخاطئ للتحديات ربما يتم الخلط بينه وبين جهل التحديات لعل هذه ليست مشكلة كبيرة لان الخلط بينهما في حد ذاته ليس مشكلة انما المشكلة هي عدم فهمك للأسباب تلك ..

الفهم الخاطئ للتحديات اذا ليس عدم معرفتك بالتحديات او تجاهل انك تعرفها وانما خلط التحديات معا نتيجة تجاهل مفهوم التحديات من الاساس وهذا ما يجعل أحد الفرص مثلا تبدو تحديا بالنسبة لك وهذا ربما يمتص من وقتك للتغلب عليها كونها تحديا من خلال اعداد خطة وتحليل لتلك التحديات وخلافه وهي في الاساس ليست تحديا ..

التحديات اذا هي تلك المشاكل التي تواجهك خلال توجهك لتنفيذ شيء ما في طريق تحقيق اهدافك ..

وعلي اثر هذا يمكن صياغة التعريف علي انه العقبات التي يجب تمهيدها في طريق النجاح ..

فلو انك قررت مثلا البدا في شركة حمامات عامة في مصر ..

ربما تجد ان التحديات هي عدم وجود ثقافة الدفع من اجل دخول الحمام في الشارع

والثاني ربما المساحات الكافية لتنفيذ المشروع في الميادين

والثالثة الية الدفع مقابل الخدمة دون وجود اعذار" مفيش فكة او معيش فلوس معلش .."

والرابعة كبار السن ومن لا مأوي لهم من يدفع عنهم .. ؟

لكن علي النحو الاخر فان اشياءا أخرى لن تكون تحديات رغم انها تبدو كذلك

مثل من ينظف تلك الاماكن لان المترو مثلا له تجربة في تشغيل هذه الاماكن وهي تتنظف بسهولة

و نقل المخلفات العضوية فالكثير من الشركات الأخرى تعمل في المجال بسهولة ..

اذا فالفهم الخاطئ للتحديات علي انها الخطوات يجعلك تخطط لكل خطوي وهو أمر غير مقبول ..

اما الفهم الواضح و الصحيح للتحديات علي انها فقط الاشكاليات يجعلك تركز علي الاشكاليات الحقيقية و العقبات بدلا من اضاعة الوقت في امور تحدث بكل بساطة مثل تشغيل عامل نظافة للمكان او التعاقد مع شركة نقل مخلفات عضوية .. للتخلص منها ...

الحلول المؤقتة للتحديات

حينما نعرف بالتحديات ربما يكون الخيار الاسهل حل متسرع لاخفاء الأمر او حتي لما تقضتيه الحاجة من عاجلية الأمر ..

انا اتفق تماما ان مصابا في حادث مروري لا نحتاج ان نسأله عن سبب الحادث وتتبع السبب .. واتفق ان مصابا بغيبوبة نتيجة نقص وصول الاكسجين للمخ نتيجة انيميا ليس حله الاولي ان نتتبع الأسباب وننظر الي كل سبب وراء السبب ..

بل المنطقي ان نفعل الحلول السريعة في هذه الاوقات

لكن هذه الحلول ليست في الأصل حلول و انما هي توقف للمشكلة حتي تضع الحلول ..

فانت بإعطائك محلول جلوكوز ربما او حتي نقل دم او تركيب جهاز اكسجين للشخص او انقاذ المصاب لم تحل المشكلة الاساسية اذا

لأنه ليس معقولا ان يعود المصاب للمنزل وتتكرر الحوادث رغم ان هذا يحدث وليس معقولا ان يعود مريض الانيميا الي المنزل حتي يصاب بوعكة أخرى ويأتي لجلسة اكسجين

وانما الحل هو ان نطلب التحاليل لمعرفة أسباب تلك الانيميا وعلاجها .. وأسباب الحادث ..

فان كان ضيقا في الطريق فيتم توسعته وان كان لهو الشباب فيتم وضع دوريات وان كان نقص قدرات القيادة فيتم حل المشكلة .. وربما يكون مزيجا من كل هذا فتكامل الحلول هنا مطلوب

اذا فأي مشكلة تتطلب حلا جذريا ربما بعض المشاكل والتحديات تتطلب حلا قبل جذريا .. لتتمكن من الحل الجذري ..

اذا فالحلول المؤقتة هي تلك الحلول التي تقلل الضرر ولكنها لا تمنعه او انها تعطل الضرر ..

وعلي هذا فالحلول المؤقتة ليست سببا للفشل بل الاعتماد عليها وحدها ..

ولعل الغريب ان الحلول المؤقتة رغم كونها سبب للفشل في حالة الاعتماد عليها الا انها قد تكون مطلوبة قبل الحلول الجذرية في حالات الطوارئ

فسواء لشخص لديه مشكلة فاجعة حدثت دون سابق انذار او حتي مؤسسة فلابد اولا كما كان يقال لنا

"انقذ الحياة اولا .. "

الشخص الذي يوقفك في نصف الليل يطلب منك مالا بالاكراه مهدد بسلاح او الشركة التي تفقد أحد عقود سلاسل الامداد الرئيسية ولديها طلبات وحجوزات

كلاهما بحاجة لحل سريع لا يفكر في البداية عن سبب المشكلة

لكن بمجرد حل المشكلة العاجلة والطارئة يأتي الوقت لتحليل عميق لفهم ما حدث

احيانا في الشركات والمؤسسات يختلف الأمر

لأنه ربما فرق متخصصة وهذا مفضل في العمل الطارئ

وأخرى متخصصة في التخطيط الاستراتيجي لتجنب حدوث هكذا المشكلات والتحديات ..

النظرة السوداء

النظرة السوداء كأحد أسباب الفشل هي الاستسلام للمشاكل والتحديات وكأن ليس لها حلول ..

هذا الطالب الذي خطط لدراسة الطب في أحد الجامعات ولم يوفق وهذه البنت التي وافقت علي عريس لها ولكنه تركها وتلك الام التي خططت لان تشتري امتعة للمنزل ولكن ارتفاع الاسعار منعها ..

الحياة مليئة بالتحديات ولعل تلك التحديات التي تواجهنا تكون مشابهة للتي تواجه الاخرين فنعتبرها عادية او اشد الما وقساوة فنعتبر الحياة سوداء وقاسية ..

وأحد أسباب الفشل ان نشعر بسوداوية الموقف ..

انا معك نحن لسنا في أفضل مكان وليس من يعيشون علي الكوكب ملائكة ..

ولعل أحد أسباب النظرة السوداوية هو الوهم ..

الوهم الذي يجعلنا نتصور الاخرين أفضل منا وهم يتصورون بفلاتر الكاميرات وهم يتزينون بالالوان الصناعية تلك علي الوجوه ..

هذه البنت التي تركها خطيبها وهي في الثالثة كلية ربما لم تقتلها الوحدة فهي تعيش مع ابويها بل قتلت اعصابها وقلبت عليها مواجعها وحولتها الي النظرة السوداوية تلك الكلمة التي قالتها لها زميلة "خطيبي مش حارمني من حاجة " او "زوجي يفعل كذا .."

بعض الشباب يشتكي ساخرا ومماز حا من حاله علي شبكات التواصل المهنية مثل لينكدان ويقول "اشعر كلما ذهبت هناك انني بعوضة .. "

ليس لقلة مهاراته بل لان مهاراته مقارنة بالمهارات المعروضة تبدو ضئيلة .. ولعل مهاراته هي أفضل ..

النظرة السوداوية اذا ليس سببها دوما نقص الحيلة وقلة الامكانيات او زيادة المشاكل وانما وضع نفسك في مقارنات مع أشخاص ربما احيانا وهميين مجرد صور بفلاتر او متابعين مقابل المال او حتي زواج مبكر غير سعيد ..

النظرة السوداوية او السوداء هي اذا أحد أسباب الفشل المرتبطة بالتحديات لانها تضخم التحديات التي تواجهها .. بدون أخذ الخطوة لحلها ..

وهي اذا ليست ناتجة عن كبر وضخامة التحديات بل لان تحدياتك مقارنة بالاخرين تبدو كبيرة ..

ربما الاخرين لا يظهرون مشاكل كما تبدو لديك وهذا ليس انهم بلا تحديات بل ربما لانهم يقضون اوقات في حل التحديات او علي الاقل لا يضيعون الوقت في الشكوى ..

سواءا كنت شخصا او شركة او مؤسسة فالنظرة السوداء قد تنهي حياتك .. فالشركات حينما تتحول من شركات تضع الخطط الي شركات تراقب سقوط الاخرين

وحين يتحول رؤساء الشركات الي فقدان الامل فيتناقل الي الموظفين هذا الياس ..

والأشخاص نفس الأمر ..

لذا توقف عن هذه المقارنات للتخلص من النظرة السوداء وبدل من مقارنة نفسك بالأفضل حال تذكر كم مرة وضع شخص بحالك هذا وخرج متعافيا

عدم انتظام التقييمات

العلاج سم !

اذا استخدم في وقت غير وقته رغم انه قد يكون منقذ للحياة في اوقات أخرى ..

نحن في الحياة كأشخاص ومؤسسات نحتاج الي استخدام مواد وافعال وربما اجراءات بناءا علي تقييمات معينة .. فلو انك اتي لك مريض ولاحظت ان سكره اقل من الطبيعي فربما يتم حقنه بجلوكوز او غيره .. لكن لو انه اتصل علي الجلوكوز هذا وظل متصلا عليه لمات

ليس من نقص الجلوكوز وانما من زيادته ..

نحن في كوكب الارض وربما في الكواكب الأخرى لا نمتلك فعل ينفع في كل شيء او مادة تنفع في كل حال وانما هي ذيادتها عن المرغوب شر وقلتها عن المرغوب شر .. وتلك الحدود تختلف ..

هذه ربما معلومات سطحية لكن لماذا علي هذا عدم انتظام التقييمات أحد أسباب الفشل ..؟

ببساطة لان عدم انتظام التقييمات يمنعك من معرفة الحالة الحالية سوآءا للمريض او للسوق او لإمكانياتك

فسوآءا كنت تتعلم لغة جديدة او انك تصنع منتج وتبيعه

تقييمك لآراء العملاء ولمستواك سيغير من ما تحتاج اليه ...

تقييمك لأداء موظف جيد لديك يضمن استمرار انه جيد .. كثيرا من الموظفين في الشركات مثلا يبدؤون العمل كأفضل اداء ثم ماذا ..

بعد اشهر يتحولون تدريجيا للكسل والاهمال والمماطلة .. وانت حينما حددت لهم راتب ومهام في الاساس حددتها علي انهم بتلك الكفاءة وعدم تقييمك المستمر لهم سيحفظ لهم منصبهم دون اداءهم ..

ربما في بعض الدول توجد فكرة "الديموشن .." ـ لا اجد لها ترجمة في لغتي العربية ـ اي التراجع بالمنصب لما قبله .. لكن هذا ليس موجود في كثير من الثقافات عندنا فالبعض بمجرد مثلا ان يحصل علي وظيفة يفعل كما قال محمد صبحي .. "لا يعمل فلا يخطأ فيترقي .."

لماذا لان التقييمات تتم علي اساس لفت النظر لا علي اساس منتظم ..

هذا الشخص الذي لا يعمل ويترقي دليل علي ان البعص ليس لديه جدول تقييمات واضحة او حتي غير واضحة المهم الجدولة والانتظام ..

والبعض يعتمد علي الظروف فهو يقيم موظفه حالة الكارثة فقط وينهي خدمته اما ان كان اداءه يندثر ويقل فلا يلفت نظره هذا الي التقييم او التفكير في الاداء ولهذا يظل الترقية موجودة لان التقييم غير موجود فهو لم يخطأ لأنه لم يعمل ..

انتظام التقييمات اذا ليس لأنك لا تقيم الا في حالة الكتابة بل لأنك ربما تنسي عملية التقييم ..

الإنسان له ذاكرة ولكن له مهارة ايضا في الكتابة لجدولة تلك التقييمات ..

سواءا للشركات كما قلنا مع الموظفين او الاسواق وطلبها او معايير الجودة المتبعة ..

الغريب ان الإنسان لا يقيم فقط ليضمن استمرار الاداء كما كان

لان في عصرنا هذا فالتقدم موجود ولا يكفي فقط المحافظة علي مستواك بل ايضا تظل الحاجة للتطور والتطور اسرع من الاخرين لا اقول نظرة سوداء وانما سعيا للتحسن طالما انك تتخذ الخطوات بدل من الياس والشكوى ..

اعتمادية التقارير الغير دقيقة

لاشك ان حل المشاكل ومواجهة التحديات من خلال وضع الخطط يستلزم جمع المعلومات وتحليلها وغيره .. لكن ماذا ان كانت تلك المعلومات غير دقيقة او موجهة ..؟

وماذا عن طريقة جمع البيانات تلك .. ؟!

ماذا لو ارادت الجامعة الفلانية ان تجمع اراء الطلاب في مقرر دراسي او اداء دكتور جامعي ووزعت الاوراق لجمع البيانات قبل امتحان مهم ..؟

او ماذا ان كان المسئول عن جمع البيانات هو الشخص اصلا الذي يتم تقييمه ..؟

وماذا ان كان الشخص الذي يجمع البيانات لايزال يعتمد علي الحسابات اليدوية وينسي اضافة الارقام او غيره .. ؟

ثم ماذا ان تم اعتماد تلك المعلومات انها واقع وانها المعبرة عن المشكلة وتم وضع الخطط بناءا عليها .. ؟

هنا تكون اعتمادية التقارير الغير دقيقة أحد أسباب الفشل لانها توجهك الي الصرف علي اشياء غير ضرورية او ربما اهمال جوانب او اعطاء نظرة خاطئة عن الاداء

ومع قليلا من حب الظهور العظيم لدي من يجمع البيانات واهمال او عدم اهتمام وتحفيز من يعطي البيانات ..

ومع ضيق الوقت ونقص استخدام الاساليب السهلة لجمع البيانات

ومع قليلا من الخطأ في وضع اسئلة التقييمات الحالية نتيجة اعتماديات خاطئة من التقييمات السابقة

وتدور الدائرة

معلومات خاطئة تأتي بقرارات خاطئة وتجمع بيانات خاطئة أخرى ..

اما في المؤسسات فلربما الموضوع اكثر تعقيدا ..

فلربما سبب المشكلة هو من يتظاهر بمحاولة حلها او حتي يحاول وهو لا يدري انه سبب المشكلة

ربما البعض لا يملك فهما صحيحا لأسس العلوم الادارية والبعض الاخر يفهم ان الادارة مجرد ممارسة وانه يكفيه شهادة في علوم الحاسب لإدارة كلية الحاسبات او شركة استيراد الحاسبات متجاهلا علما متصل ومتكامل اسمه علم الادارة وعلم اخر اسمه الاحصاء

البعض يفشل في جمع البيانات للشركة والنهوض بها فيقرر وضع الحل وتدريب كل من يعمل معه .. من يدربهم .. ؟!

هو نفسه ...!

لنعود للنقطة التي سبق ذكرها

فان أحد أسباب الفشل اذا اعتمادية الأشخاص والمؤسسات للمعلومات الغير دقيقة وبالتالي يضعون خطط تفشل او تحتاج لتعديلات كل يوم فتتماهي الافكار الرئيسية وتضيع الاوقات

استيراد الحلول

أحد اشهر طرق حل المشاكل النظر في طريقة حل الاخرين لكن البعض يفهم ان هذا النظر هو مجرد نقل للتجربة ونقل للافكار مع الاشكال وكامل الحل كأنه كان "وصف مقدس ونموذج ناجح بلا تعديل او تفصيل او مراجعة .. "

وهذا ليس نفيا لنجاح الحلول وانما لاختلاف الظروف ..

فنظام التعليم الغربي مثلا لن يصلح ابدا في دول عربية و ربما تصميم قطار في دولة في شمال اوروبا لا ينجح في دول خط الاستواء نتيجة اختلاف الحرارة

وحتي نظام التواصل في بعض الشركات ربما لا ينجح في أخرى نتيجة اختلاف الثقافات .. وربما لاختلاف الظروف المكانية والزمانية

ببساطة الأشخاص الذين يربحون يشترون ما قيمته اقل و هناك توقعات بان تزيد

بينما الاغبياء ينتظرون ان تربح صفقات الاغنياء في شيء معين ليبدا بشرائه

البعض حينما ظهرت عملة البيكتوين كعملة رقمية نظر الي التوقعات والتحليلات وخاطر بشراء كم كبير

وماذا بعد ..

لما ارتفع سعره بدأوا ببيعها ..

هنا كان الاغبياء موجودين

فهم انتظروا حتي نجاح ارتفاع اسعار البكتوين ..

وقرروا استيراد التجربة واشترو البكتوين باسعار غالية

ثم ماذا .. ؟

انهارت اسعاره الي حد ما من قمة سعره

اذا فالربح الحقيقي في الاختلاف وانشاء الفكر الجديد ولو كان ميزة بسيطة مختلفة

قد تجد ان تويتر و او اكس تفعل ما يفعله فيسبوك كشبكة تواصل اجتماعي لكن اختلاف بينهما جعل كلاهم ينجح

أحد الأشخاص كنت اتحدث معه عن تصميم موقع الكتروني لاظهار مؤسسة يرعاها ..

وفجأة تمني الاماني وراح يسألني ..

"هو انت ممكن تعمل منصة زي تليجرام .. ؟!"

كان السؤال غريبا .. ليس فقط لاني لا اعرف ولم افكر في فعل هذا

بل لاني تعجبت من كونه يحاول استنساخ شيء كمنتج له .. هو ببساطة يحاول اختراع العجلة بدون تعديل فقط لأنه راي ان منصة تليجرام ناجحة ..

البعض يظن ان السير في نفس طرق النجاح نجاحا واقول لك غالبا لا ..

لماذا .. ؟

لان من سار في طريق النجاح قبلك أخذ ما فيه و هو يتقدم عليك بسبقه لك هو امتلك ربما ولاء عملاءه وخبرته وانت تنافس بلا شيء سوي التقليد ..

السبب الاخر لكون استيراد الحلول سببا للفشل انك ربما تستورد أحد الحلول وتجد مثلا ان في هذا الحل يستخدمون مادة معينة وانت تستورد الحل فتقرر نقل الحل بكل عناصره وتقرر استخدام المادة نفسها

فتجد ان استخدام المادة تلك كان لانها متوفرة هناك حين نشا الحل

ربما انت هنا تقرر ان تستبدلها بأخرى متوفرة لديك .. لكن هذا فقط لاني اناقشك لكن في العادة كل ما يحدث يقرر الشخص نقل التجربة بما فيها فان كانت تستخدم مادة معينة قرر استخدامها وان لم توجد استوردها ..

الحلول حين توضع تكون بناءا علي ما هو متوفر وليس علينا ان نوفر ما نحتاج للحل بل نبني الحل علي المتوفر ..

شخصنة التحديات

مفهوم شخصنة التحديات مفهوم واسع جدا كأحد أسباب الفشل .. يشمل النظر الي العقبات علي انها مقصودة وانها تقابله وحده ويشمل اعتبار المشكلة ناتجة عن شخص بعينه حالة انها نتجت عن الجميع ويشمل جملة "اصل ده مش تخصصي انا مسئول عن كذا في الشركة وبس ـ"

سوآءا كنت شخص او مؤسسة فشخصنة التحديات هي أحد أسباب الفشل التي ستواجهها ..

فبالنسبة للشركات

ان كان جميع الموظفين ليسوا علي فهم بأهداف المؤسسة وعلي ايمان وموافقة لها فان كل مشكلة تقع وكل فقد يواجهونه وكل عميل يخرج غاضبا وكل سقوط للمؤسسة سيبدأ كل موظف بالحديث عن ما هو دوره وانه فعله ويلقي اللوم علي الاخرين او لا يلقي ويكتفي بجملة "انا تخصص كذا ومليش دعوي ـ"

والأمر ايضا قد يكون شخصنة المواقف بين الأشخاص مثلا احمد ونرمين يعملان بنفس الشركة وبسبب خطأ لدي احمد في تقدير او تعامل مع نرمين يتحول الموقف الي صراع

صراع شخصي

ترفض فيه نرمين اي اقتراح ليس لسوئه وانما لأنه لأحمد بل وتتحول لأداة تضر بالشركة لمجرد الاضرار بأحمد وهنا تكون شخصنة التحديات أحد أسباب الفشل

اما علي مستوي الأشخاص

فعندما سمعت تلك الجملة لا ادري كيف كانت جملة واقعية ..

قال احدهم لي

"ان لم يلقي عليك أحد السلام فهو ليس بالضرورة بسببك انت بل ربما لآلاف الأسباب غيرك ـ"

انت حينما تنظر ان الشخص قال جملة او تحدث عنك او خلافه لا تدرك كيف انه في حياة اكبر منك ويتعامل مع الالاف غيرك

وبمجرد ان تظن انه يقصدك انت في أمر ما يتحول الموضوع الي ندية ..

والشخصنة في التحديات علي المستوي الشخصي مثلا في سلعة يعرضها رجل ما بسعر جيد ولكنك فقط لعداوتك معه تقول "لا .... انا اشتريها من غيره بأغلى ـ" هي غباوة وشخصنة ..

ربما ينفع هذا في الاستراتيجيات ..

لكن ان كانت السلعة هي هي والعداء مجرد عداء من ناحيتك لتافهة فانه أحد أسباب الفشل

حين تقرر استبعاد رجل ناجح من ادارتك خوفا من ان يترقي عليك فهذا تخلف فانت حينما تكون في مكان جيدا موظف صغير خير من ان تكون مدير لمؤسسة فاشلة

وسعيك للمحافظة علي مكانك بالتخلص من الكفاءات او حتي استبعاد صحبة الحق لأنك فقط تحب ان تكون الصديق الأفضل هي شخصنة للتحديات وسبب للفشل

منظور اطفاء النار بالنار

قد يبدو مشهد هذا الفريق الذي يبني سورا حول المدينة وهم يبنون حائط حتي اذا ما انتهوا منه بدأوا في الثاني وبدأوا يأخذون من مكونات الحائط لبناء الثاني مضحكا جدا ..؟!

لكن البعض لازال يفعل هذا

البعض اذا كأشخاص حينما يقرر التغلب علي تحديا يخلق تحديا اخر اكبر منه

هذا الشخص الذي تداين بمبلغ من البنك وعليه قرض لما يتعذر عليه الدفع ويأخذ اخر لسداد الاول انما هو اطفاء النار بالنار

وهذا الشخص الذي يجد نفسه تائها وحائرا في مشاكله فيتجه لشرب الخمور لينسي ما يؤرق نومه انما هو اطفاء النار بالنار ..

وهذا الشاب الذي احس بضيق الدنيا من حوله فقرر ان ينهي حياته انتحارا انما هو اطفاء النار بالنار

وتلك الفتاة التي تأخر زواجها فقررت ان تتخلع جزئيا من بعض ملابسها لتكون براقة جذابة انما هي اطفاء للنار بالنار

و هذا الشاب او الفتاة التي تخلت عنها صديقتها في موقف بعد عطاء فقررت رد الخذلان انما هو اطفاء النار بالنار

الكثير من المواقف انما تعبر عن هذا المنظور بكامل مفهومه وهو مواجهة التحدي بتحد غيره

الأمر اذا يصنع تحديا اخر حتي وان حل جزئيا التحدي الاول

وحتي الشركات احيانا تقع في نفس الخطأ فهي تقرر ان تصنع منتجا مشابها لمنتج اخر وتجد المنتج يخسر فتخفض سعره وتزيد انتاجه ويقل الطلب لكثرة المعروض وتظل بعض الشركات في العناد والانتقام كما بعد هذا ..

لكن مجرد التفكير في الأمر بان تحل مشكلة بأخرى او ان تتخلي عن واحدة بأخرى

تقرر زيادة جودة المنتج فترفع سعره اضعافا او تقرر انقاص السعر فتقل الجودة ارباعا وانصافا

الأمر اذا يحتاج لحل متدرج انت تحل المشكلة وتحاول المحافظة علي منع المشاكل الأخرى بخطط اكثر تعقلا لا ان تصالح زميل فتخسر الاخر او ان تضحي بالجودة او السعر مقابل الاخر او ان تهدم من سور لتبني اخر ..

اذا فبكل بساطة منظور اطفاء النار بالنار هو التخلي عن بعض الخير مقابل خير اقل او القبول ببعض المشاكل مقابل تجنب مشاكل أخرى .. وهذه الفكرة هي أحد أسباب الفشل لانها ببساطة تستبدل حل المشكلة الحقيقي بحل وهمي وهي بذلك تكون أحد الأسباب للفشل للأشخاص او المؤسسات ..

منظور الكل ضد الكل

منظور التعاون غالبا ما يكون صعبا تطبيقه خصوصا مع اختلاف الرؤي واحيانا انعدام الرؤي من الاساس فمن اجل ان يكون التعاون قائما لابد من وجود مبادئ متفق عليها من اجل ان تكون قائمة حالة حدوث المشاكل و هذا لان المشكلة ستكون موجودة لا محال هذا أمر طبيعي

لكن اليوم ومع هذه الاختلافات والضبابية في التعامل ستجد المنظور الاشمل عالميا عبر العلاقات الدولية والمؤسسية او حتي عبر الأشخاص هي ان "الكل ضد الكل" ولعل هذا عنوان أحد الكتب

لكن الفكرة ببساطة انك تجلس مع خمسة تعمل ضد الاخرين ثم مع جزء من الاخرين تعمل ضد البقية ..

البعض يعتبر الأمر مهارة فائقة كونك قادر علي المراوغة والعمل مع الكل ضد الكل لكن هذا العاقل الذي يراك تنكر جميل غيره وتتخلي عنه بسهولة سيكون مقتنعا تماما انك لا يعتمد ولا يوثق بك ..

ايضا لأنك هنا ليس فقط غير موثوق وانما محاولة اثبات انك فعلا تعمل مع هذا الشخص ضد شخص وتعمل مع الاخر ضد الاول .. وحين ينكشف الأمر سيكون الكل ضدك .. وهذا ما جسده الفلم المصري المدبح ..

اذا فلماذا يعد منظور الكل ضد الكل أحد أسباب فشل الأشخاص

بالنسبة للأفراد فكونك تتفق مع كل وأحد بالراي وتعمل وكأنك زميل له فهذا يفقدك توجهاتك الواضحة احيانا وقد يجعلك تتوه معهم وايضا تنخرط معهم في اعمال ضد البعض الأمر الثاني ان حتي الأشخاص الذين تعمل معهم يعرفون انه لا امان لك والأمر الثالث استهلاك الاوقات في العمل علي عدة جهات .. فالأفضل اذا ان تبدا بالتفكير ايهما اكون معه وايهما ضد ومن اكثر تقاربا مع فكري لا تعاون معه ...؟

اما بالنسبة للشركات فداخل كل شركة موظفين يعملون فترات مؤقتة والعمل ضد شركة معينة بموظفين قابلين لترك العمل يمكن ان يعرضك للمسائلة ببساطة وخصوصا ان كانت هناك اتفاقات مشتركة

و هنا المسائلة تكون اسهل لان الأشخاص عادتا ما يكون تواصلهم غير رسمي فربما اكثر ما يتم ان يحدث تسجيل صوتي او فيديو اما الشركات فهناك ايميلات رسمية ومذكرات تفاهم وعداء وقضايا تكلف الشركات الكثير فلعل مكسب السنين يدفع كغرامة او عقوبة او حتي تعويض

وتذكر دائما ان السر ان كان شخص يعرفه فاحتمال افشاءه موجود و مع زيادة كل وأحد يعرف السر يزداد احتمال الافشاء

وتلك التواصلات في منظور عمل الكل ضد الكل هي أحد أسباب انهيار العلاقات بين الشركات او حتي ثقة العملاء

دائرة الانتقام

أحد أسباب الفشل هو السماح للأخرين بتوجيهك لمجرد انهم اخطأوا في حقك ..

كنت اتحدث منذ قليل مع أحد الأشخاص وهو كالكثيرين من من يقولون "هنعاملكم بمعاملتكم بعد كده" كتير منا يقولها ..

أحد المرات طرح عليا هذا السؤال ..

دكتور اكاديمي سرق من طالبة بحثا علمي ونشره باسمه ..

وظلت المسكينة تتسائل ماذا افعل ..؟

البعض تحدث عن الانتقام والبعض ربما عن التسامح ..

والبعض ظل صامتا من وهل الموقف .....!

حقيقة الانتقام قد يكون هو الخيار الاول المطروح امام الاغلبية ..

ولكن ماذا بعد الانتقام وكيف الانتقام ... ؟

هو سرق بحثا علميا وسرقة البحث لجديد له قد تبدوا عدلا لكنها في الحقيقة

سخفا وسببا من أسباب الفشل .. اتعلم لماذا .. ؟

لانها تخليا عن مبادئك لمجرد الانتقام ..

ستسرق البحث من دكتور او ان تبادر بإهانته او او لمجرد الانتقام ..

الانتقام اذا طريقة غبية فهذا الشخص سرق ما فعلت وتعبت فيه وانت تسمح

له ايضا لينال من تفكيرك للانتقام منه ..

هنا الحل الامثل

في الحزن والهدوء والتفكير أفضل من الهمجية والرد العشوائي

هنا انت بحاجة ليس للومه بل للوم نفسك قليلا ثم السير للأمام ببحث جديد وبدلا

من الجلوس حزنا علي هذا البحث وتفكيرا في رده.....

فكر في انشاء غيره والتقدم للأمام وتجنب الوقوع في الخطأ نفسه ..

ببساطة لان الانتقام يجعلك تحيد عن مسارك ..

انت ربما مسافرا الي بلد بعيد .. وبينما انت في الطريق سبك أحد ..

امامك حلان ربما او اكثر ..

اولهما ان تنزل عن رحلتك وتبدا برد السب ..

والثاني ان تكمل طريقك لهدفك .. ووجهتك ..

الاولي حين تنزل وترد فانت اضعت وقتا من وقتك واخرت رحلتك والثاني

انت تجاهلت وصفحت عنه ليس له وانما تركيزا علي مرادك ..

فكرة التسامح قد تبدوا عقيمة لدي البعض وسذاجة لدي البعض ..

لكن التسامح لنا ليس من اجل هذا المخطئ بل لك انت

تخيل كم الوقت الذي تقضيه تفكر في من تكره وتفكر في الرد عليه وتفكر في

ما فعله .....!؟

هو اذاك اذا وشغل بالك عن تحقيق ما تريد وادخلك في دائرة من الانتقام "اذاك

فتأذيه .. فيؤذيك فتصبح آذ مؤذ .. "

فيما سبق ربما كانت دائرة الانتقام اكثر حدة ... لكنها احيانا ما تبدأ بمجرد

موقف بسيط وتتطور بشكل حلزوني ..

فلان لم يلقي السلام عليك .. لم يراك

وانت قررت عدم دعوته لفرح ابنتك فهو لم يلقي السلام عليك

وهو لم يحضر فرح ابنتك ويرد بعدم حضور مأتم اباك .. وتدور الدائرة حتي تصل الي تخريب الممتلكات له ولك من الكراهية ..

اما عن الأشخاص فالأمر واضحا واما عن المؤسسات فالشركات ايضا حين تدخل في منافسة تتدحرج غالبا للانتقام

البعض ينقص من اسعار منتجاته التنافسية لخسارة مزاد امام الأخرى والاخر ينقص من الاسعار انتقاما ..

البعض يشتري من تاجر كل بضاعته رغم عدم القدرة علي تسويقها منعا لربح الاخر وتدخل الدائرة من الانتقام ..

وهذا يفقد الأشخاص القيم والاهداف والرؤي في سبيل الانتقام والفوز في سباق تخيلي

وبهذا تكون دائرة الانتقام سبب للفشل اكثر وضوحا للمنتقم من المنتقم منه للأشخاص والمؤسسات وان كان تأثيرها الاولي علي الأشخاص

منظور الشك المطلق

تحدثت عن الشك كثيرا في كتاب "مبادئ السيطرة في الفكر المعاصر "

لكن لنختصر فكرة الشك المطلق انها شك في كل شيء وهذا أمر غريب فان لم تكن لديك حقائق وثوابت تؤمن بها فمن اين تبني قواعد افكارك وتستنتج الافكار الجديدة وتتيقم من ما تثك به .. ؟

اذا فمفهوم الشك المطلق أحد أسباب الفشل ..

لأنك لا تجد ما تثق به حتي نفسك .. ؟

هنا تبدا في التشكيك بقراراتك واختياراتك حتي ما تفعله انت تجد نفسك تراجعه ..

الأمر اذا رغم انه مهم كشك لكن شك مبني علي نقاط من اليقين فايمانك ايا كان الدين او اللا دين لديك انما هو مبني علي افكار راسخة في عقلك عن نفسك وعن الاخرين وعن ما تفعله وما تحتاج ان تفعله

اما كون الشك المطلق فهو كسحابة متحركة لا تربطها شيء تظل تتحرك حتي السحابة ربما تربطها الجاذبية وترابط جزيئات الماء وغيرها ـ

اذا فأي إنسان او مؤسسة لا بد ان يكون لهم رؤية واضحة عن تكوينها واهدافها ومبادئها ومسلمات لديها ..

لكي يرجع لتلك المسلمات حين يشك بالأمور انت تثك بأداء شخص فتعود لهدف الشركة هل يحقق الشخص هذه الاهداف ام لا

وكذلك في اهدافك انت .. لا بد ان تبني اذا ثقة في دينك وايمانك به ثم ثقة في نفسك ثم ثقة في أشخاص بناءا علي تلك الافكار والثقة لديك بنفسك .. وهذا لان الإنسان او المؤسسة ليسوا بمعزل عن العالم وانما بحاجة للثقة لبناء العلاقات وتسهيل التعامل

منظور جزء من الكل

احيانا نظل واقفين نفكر ونحلل ايهما سبب المشكلة ونحاول اختيار أحد السببين وحده دون غيره بفرق كسور عن السبب الاخر .. وكأنه يلزم ان السبب في المشكلة وأحد فقط وكان المشكلة لابد ان تكون ناتجة عن سبب دون غيره ثم يركز علي حل المشكلة ..

حينما يتشاجر زميلين في العمل يبدا ربما التحقيق معهم للوصول الي المخطئ وتحري من السبب وننسي ان السبب ربما من الاثنين فالأول ربما كان اكثر خطأ من الثاني ببضع اجزاء من الكسور ولكن الثاني كان واجبا وممكنا ان يتحمل ويحل المشكلة بلا شجار ..

وننسي ان لكل مشكلة أسباب كثيرة وان حل المشكلة ولو كان فيه عقاب للمخطئ فانه احيانا يحتاج الي تأهيل لصاحب الخطأ الاقل ..

ببساطة ننسي انه مثلا في العمل ان كان احمد يصل الثامنة للعمل ويغادر الثامنة وابراهيم يناوبه فهذا ليس منطقيا لان كلاهم يحتاج وقت لاستلام العمل من الاخر وبالتالي احمد لابد ان يعمل من قبل الثامنة بدقائق لبعد الثامنة في المساء بدقائق وكذلك ابراهيم ..

ننسي ان اي أمر تكون فيه الحدود مجرد خط وهمي منزوع القيمة في عرضه تحصل المشكلة ..

ببساطة نحتاج لمنطقة ليونة فاحمد ربما دوره ان يعمل كذا فعليا اقل من قدرته الكاملة ليستخدم قدراته الكامنة عند حدوث المشكلة ..

بعض مدراء العمل ينظرون فيحددون اقصي ما يمكن للموظف ان يفعله فيأمرون به ليخدم المؤسسة وينسون ان يضعوا منطقة الليونة تلك...

فماذا في وقت الطوارئ ...؟

هل هذا الشخص الذي يعمل اقصي جهده في العادي يمكن ان يزيد جهده في الطوارئ..؟

قد تضع كل الاعمال في جدولك اعمال مهمة وتقول الوقت كافي لكن ماذا في حالة الكوارث...؟

هل لديك اعمال غير مهمة يمكنك تعطيلها من اجل الاعمال المهمة التي تطرئ ..

في علم الادارة اذا يكون هناك دائما وقت يسمي بـ "البافرينج تايم" او وقت التوازن يعوض عن اي وقت ينقص او يزيد في العمل ..

لماذا اذا تتسبب نظرة البعض من الكل في الفشل .. ؟

ببساطة لأنك تنظر الي المكسب الذي يأتيك من تحديد عدد ساعات عمل واضحة ١٢ ساعة لكل شخص وتنسي الواقع ..

تنظر الي اجبار كل الموظفين علي العمل بأقصى طاقة وتنسي وقت الطوارئ ماذا تفعل...؟ وكيف تزيد من العمل ..؟

اذا فلابد من تحديد جزء من الطاقة والموارد والوقت لوقت الطوارئ والمشاكل وتأخر التسليم

ربما تنظر الي الصورة جزئيا فتري ان العمل منتظم لسنوات ما يغيره لكنك لا تعلم ماذا بعد السنوات ربما حتي تنظر الي منحني يعبر عن العمل والانتاجية وتري انك تتحرك بمستوي ثابت وتجهل تغيرا سيطرا عليك انت فقط ترى جزءا من الصورة وعليك الرجوع والنظر الي الصورة الكاملة وحيث انك لا تستطيع ان تري الصورة كاملة فدائما اجعل الليونة موجودة

تحتاج يوما لأمر ....اجعله يوما ونصف

تحتاج ٥٠ عامل استأجر خمسة وخمسون

تحتاج كذا زده قليلا ..

حتي وان كانت شركة تتوقع في العادي ان تحتاج تخزين طن من الموارد اجعل المخزن يسع الطن ونصف باقل تقدير .. نظرا للصورة الكاملة

منظور خرق السفينة

هنا نتحدث عن فكرة قيام البعض بخلق التحديات في المجتمع

البعض يري ان خرق السفينة مجرد طريقة للحصول علي الماء بسهولة لاسيما ان كانت في نهر عذب ..

والبعض ينظر اليهم انهم احرار طالما انهم خرقو جزئهم الخاص بل ويعينهم علي هاذا لمجرد ابعادهم عن الصعود وطلب الماء من الاخرين

والصنف الثالث يلتزم الصمت وكانه لا يعتبر الأمر اصلا ..

قد يبدو الأمر غبيا ومجرد قصة من الخيال ..

لكنها فكرة ومنظور متأصل لدي البعض حين يحاول التغلب علي التحديات ..

التحديات موجودة لا محال وفقط الناجحون يتغلبون عليها .. بالطريقة الصحيحة لا بصنع تحد اخر من اجل التغلب علي الاول

هنا منظور خرق السفينة يعبر عن أحد الحلول الوهمية والغبية للتغلب علي التحديات

لماذا .. ؟!

لأنه ببساطة يفكر في المشكلة وهي نقص الماء وبدلا من اختيار طريقة من الطرق الصواب لغرف الماء من النهر الي السفينة بشكل وقدر الحاجة هم يقررون خرق السفينة ..

وليس هذا فحسب انما كون البعض يساعدهم ويعاونهم كونه يمنعهم من طلب الماء منه كانه رجل ساعد جاره علي نهب جار ثالث كي لا يطلب جاره هذا مباعدة منه ..

الأمر لا يكتفي علي كونه غباء من قبل البعض .. بل ان حتي الصمت من قبل البعض

فحتي الصمت هنا ليس دليل علي انك بمنأى عن الشكلة فانت لم تخرق السفينة ولم تساعد بها لكنك سكت عن هذا واستمريت في الجلوس في السفينة وهنا غرقها حتمي

فالحل اذا اما بمنع خرق السفينة او تركها ومهاجرتها .. ولعلي اكثرت من فكرة ترك الشيء والمكان والمغادرة كحلول للمشاكل المرتبطة بالبيئة ..

لكن هنا فغالبا ما يكون الحل هو منع خرق السفينة

سوآءا بالنصح او بالقوة

واحيانا حتي بتقديم حل اخر لغرف الماء من النهر وربما حتي في بعض الاحيان في التكفل بغرف الماء بنفسك

فصدقني احيانا يكون حمل الحمار علي ظهرك ليس حبا في الحمار وتقديرا وانما لأنه حمار لا يقدر الخطر المحدق بك

لكن تذكر .. تلك القاعدة ..

فمنع الحمار من الدخول منزك اولا

ولعلي اتحفظ علي لساني بوصف ذلك للأشخاص

فسوآءا كان مشروعا او سفينة او مؤسسة فحسن اختيار الشركاء خيرا من تحملهم او هجرهم

قد تعيش حياتك متحملا زوجتك او زوجك خوفا علي الاولاد وخير حل اذا توخي الحظر في الاختيار .. وربما الهجر .

اذا فمنظور خرق السفينة هو تفكير خاطئ لحل المشكلة ومن اجل النجاة عليك الا تسكت فلتهجر او لتمنع وحتي ان كان هذا بتضحية منك فانت تقدم الاولويات ربما والتنازلات ليس لخطأك وانما لأنك تعلم ان الاغبياء لا يقدرون الخطأ

لا تقول "كلنا في الهوا سوا" بل انظر انك لمنع فشلك ربما عليك بمنع فشل كل من معك

116   **AHMED RAGAB ALI ABDELGHANY AND MSYTR**

اذا فمنظور خرق السفينة هو تفكير خاطئ لحل المشكلة ومن اجل النجاة عليك الا تسكت فلتهجر او لتمنع وحتي ان كان هذا بتضحية منك فانت تقدم الاولويات ربما والتنازلات ليس لخطأك وانما لأنك تعلم ان الاغبياء لا يقدرون الخطأ

الفصل العاشر

يناقش هذا الفصل أسباب الفشل المرتبطة بالقيمة وقياساتها واعتباراتها ونذكر عشرة أسباب منها جهل القيمة و التقييم السوقي و تجاهل القيمة المفقودة و تجاهل صلاحية القيمة و التخزين السيء للقيمة و ارتفاع معدلات التضخم و القيمة الميقاتية و التقدير الخاطئ للقيمة و الحساب الجبري للقيمة والقيم الغير محسوبة

جهل القيمة

في اي عمل نقوم به او نخطط له او نقيمه او نضع مبادئ له وفي كل جملة من الحديث نتناقش فيها مع إنسان بل ان الإنسان نفسه لابد ان ننظر اليه بتلك القيمة وان كانت قيمة الإنسان اكثر تعقيدا من الماديات

لكن لا باس فجهل القيمة اذا أحد أسباب الفشل التي تجعلنا بسهولة غير قادرين علي تقدير الامور حولنا

كم لابد ان ندفع في هذا المنتج وبكم نبيعه ..؟او كم من الوقت علينا ان نقضي علي تطوير ذاتنا...؟ و كم سيكون هذا مجديا... ؟

القيمة هي المقدار الذي نقيس اليه الشيء اعتمادا علي حاجتنا اليه في وقت محدد

وجهل القيمة علي هذا قد يكون عدم معرفة بإمكانيات ما نملك من اجهزة او حتي امكانيات ما يمكننا فعله

تجد الكثيرين يفكرون بالبدأ في المشاريع كمجرد احتاج للمال للبدأ وليس لدي المال اذا انا فاشل ربما احتاج قرضا وبما اني ليس لدي مشروع فلن أحصل علي القرض و هنا تكون دائرة مفرغة من الفشل

ببساطة لأنك تجهل القيمة

تجهل امكانياتك

انت ليس لديك مال ربما صحيح او خطأ لكن الأمر المؤكد ان لديك اشياء لها قيمة

فكر في ما لديك في علاقاتك وفي قدرتك علي القراءة فكر في قدرتك علي الغناء او حتي انك شخص تجيد التعامل مع الأطفال

فكري ان كنت او كنتِ تجيد الطبخ

فكر في ما لديك من قيمة في كتبك القديمة واعد التفكير طويلا ولا تستعجل فستجد الكثير من القيم التي تجهلها

هنا انت ربما لا تري قيمة لهاتفك الذي تتصفح منه الكتاب او حتي ان كان مطبوعا فكر في امكانيات ما لديك من جسدك و ما انت قادر علي فعله

اتعلم ان مجرد انك تتحدث هذه قيمة ...؟

ويمكن الاعتماد عليها كتقديم خدمات التعليق الصوتي

ماذا هل انت طالب في الجامعة او لديك حساب لينكدان هذه قيم انت تجهلها يمكنك بناء نجاحك عليها

فكر في الكثير مما لديك وكيف تستخدمه بناءا علي خطة لتحقق هدفك و هذا يكون النجاح

عندما تتحدث "انا ليس لدي مال" انت محق لكن ماذا لديك هو المهم فلا يهم ما ليس لديك حين تركز علي ما ليس لديك ستعمل علي توفيره لكن سيتحول هدفك الاساسي الي توفير ما ليس لديك وتدخل في دائرة من الحقد و الكره و الحزن لما لا تملك

فكر لدينا حجرين صغيرين و نريد ان نشعل النار

كيف نفعلها ..؟

لدي حساب لينكد ان و احتاج الي وظيفة

اعرف كيف اطهي و احتاج ان اعمل

هنا تبدأ الفكرة في الظهور من خلال وضع الهدف و تحديد الامكانيات

هذه اسهل طريفة للبدأ ربما يجهلها الفاشلون

لكن القيمة وفهمها ربما اعمق من هذا فنحن هنا نتحدث عن قيمة الشيء ايضا كشيء مباع ومتبادل فربما انت تعمل وتقدم الخدمة او تقدم السلعة فكيف تقدر قيمة ما لديك او ما تحتاج الدفع مقابله

التقييم السوقي

كأحد أسباب الفشل للأشخاص و المؤسسات فان التقييم السوقي يوقع الكثيرين في فخ بالون القيمة

ببساطة انت تنظر الي الشيء من داخل عدسة قد لا تعرف معدل تكبيرها

عندما تشاهد اعلان عن فوائد او جودة منتج يتحدث عنه أحد المشاهير فهذا الشخص ربما لم يشاهده ولم يجربه هو فقط يعلن عنه

و هكا يقع الكثيرين في الفخ بتصديق الاعلانات واحيانا لا تكون الاعلانات التقليدية التي اعتدنا عليها فالكثير من المعلنين بدأوا يطورو منهجهم في الاعلانات بالإقناع

البعض لا يهتم بإظهار الفوائد بل يهتم بإظهار ان الطبيعي للأغنياء امتلاك تلك المنتجات وانت ايضا الأشخاص ربما تنظر ان كان الاغنياء يستخدمون الشيء فلابد لي ان استخدمه لأكن غني مثلهم او علي الاقل الظهور بهذا الشكل

القيمة السوقية ببساطة هي قيمة المنتج كما يظهره المجتمع فربما علبة زبادي لا تغني من جوع بسبب الاعلانات اصبحت ترى كأنها وجبة غذائية متكاملة

انت هنا حينما تقتنع ان تلك العلبة من الزبادي وجبة كاملة ربما ان كان قيمتها الحقيقية، التي تقدمها لك فعلا هي س فانت تري قيمتها ١٠ او ١٥ س فقط لأنك تقيمها بقيمة السوق..

انظر الي اسهم البورصة ربما تعلو يوما وتهبط يوما كل ما يرفعها او يهبطها هي اراء الناس

أحد أسباب التقييم السوقي احيانا هو ان البعض يتعامل مع السلعة كعملة

يعني ماذا ...؟

يعني ان تقول انا اشتري المنتج كما يسعره الناس لأني لما ابيعه سأبيعه للناس وهنا لا اكون خسران باتباع تسعير السوق

ببساطة هنا انت لا تشتري منتج انت تشتري سلعة

فالفرق بين السلعة والمنتج ان المنتج يباع بهدف استهلاكي في النهاية وان تناقل بين التجار لكن السلع تختلف قيمتها علي عكس العملة فالعملة الذهبية مثلا هي قيمة ثابتة والعملات الورقية هي مجرد تسعيرات للعرض والطلب والثقة لدي الناس

هذا يعني ان الاوراق النقدية ليست كما الحال في المنتج فالمنتج ربما يفسد او يقل قيمته بذهاب امكانية استخدامه او يزداد قيمته لان لا أحد عاد يصنعه او يزرعه

الأمر الاخر ان المنتجات احيانا تقيم سوقيا اقل من قيمتها التي تقدرها باحتياجك فالماء والملح ربما تجد اسعارهم اقل الاف المرات نسبة الي احتياجك اليهم لانهم ببساطة توفرهم اكثر من الحاجة المهم حتي وان كانت اماكن تعاني الجفاف فالأخرى تعاني الفيضانات

اذا كيف نتجنب ان يكون الفشل ناتج عن التقييم السوقي ...؟

ببساطة النظر الي القيمة بمقدار احتياجك اليها.. ومقدار ما يكفيك عندما تقرر استبداله.. دون النظر الي تقييم أحد اليه

فالخاتم الذهب الذي بيدك قيمته كخاتم لن تزيد عن قيمة الحديد المطلي كمظهر للزينة

لكن قيمته الحقيقية كقيمة كعملة تبتاعها حين تريد والسيارة المرفهة قيمتها اقل بكثير مثلما تباع به نسبة الي قيمة تلك السيارة المتواضعة

انظر الي فرق القيمة في ان كلاهم تؤدي الغرض منها في ايصالك الي وجهتك في معضلة منطقية وفلسفية ..

فان الاف الشركات التي تقدم خدمات الاستضافة للمواقع علي التخزين السحابي

فانهم يبيعون فعليا مساحات اكثر مما لديهم..!

اتعرف لماذا ...؟

لان الكثيرون لا يفهمون القيمة بالنسبة لهم

الكثير يشتري سعات تخزين اكثر مما يحتاج فقط لأنه يراها قيمة اضافية ربما امان في بعض الاحيان لكن ليس دائما

وهو بذلك اشتري شيء لا يستخدمه ومن باعه باع نفس الشيء لأشخاص اخرين

الأمر ايضا كمن يشتري محفظة بمبلغ دولار ليضع فيها ٢٠ سنت

انت تري قيمة المحفظة بتقييم الناس وتنسي ان قيمتها لك في حفظ ال ٢٠ سنت فقط

اشتر فقط وأحصل فقط علي ما تحتاجه بقيمة احتياجك له او قيمته بالنسبة لتوافره ايهما اقل

تجاهل القيمة المفقودة

في مواقف حياتنا كل يوم نحتاج الي ان نحدد قيمة لما نحتاج اليه او نفعله او حتي قيمة للفرص او التحديات ربما قيمة لجهاز تلفزيون تشتريه او حتي قيمة لكورس ستحصل عليه مجانا بمنحة من أحد الشركات

العروض تبدو مغرية واحيانا انت تدرك السعر الذي تدفعه او المبلغ

لكن الجزء الخفي هو تلك التضحيات

لدينا نفس ال ٢٤ ساعة في اليوم فهذا الكورس المجاني ربما فرصة رائعة لكن في الجانب الاخر سيحتاج ٥ ايام من الذهاب والعودة بعد حضور ٨ او ١٠ ساعات يوميا وربما انت بحاجة للقراءة بمعلومات الكورس بعد العودة

هذه هي القيمة المفقودة كمثال

تجاهل هذه القيمة المفقودة منك مقابل الحصول علي الشيء قد تكون أحد أسباب الفشل العميقة ..

الكثير من الناس حين يقيمون شيء فقط يقيمون الفوائد منه

فهذا التلفاز الذي تشتريه سيسمح لك بمشاهدة الافلام والتسلية لكن ماذا عن الوقت الضائع والكهرباء والمساحة التي علي الحائط ...؟

صديقك هذا ربما يكون صديقا مخلص لكن ماذا عن ثمن ذلك من التزاماتك تجاهه ...؟

الكثير من الشركات تهتم بعقد مذكرات التفاهم وهذا كثيرا ما يكون امرا جيد خصوصا حالة تفهمت التزاماتك للطرف الاخر..

القيمة المفقودة هو هذا المقدار الذي تدفعه مقابل الشيء لكن ليس كما تظن انه مجرد المال بل الوقت والمجهود والالتزامات والتقيدات نحوه

المصنع الذي تنشئه في منطقة سكنية ربما يكون فرصة جيدة لاستقطاب ايدي عاملة رخيصة بدون الحاجة لمواصلات لكن ماذا عن التطوير المستقبلي ...؟

انت حصلت علي الشيء وقيمته كمكان قريب يفيد في كذا لكنه ايضا يقيد توسعاتك المستقبلية

بالنظر لتلك القيمة المفقودة لا اقول انها معضلة لكن ببساطة النظر اليها يعطيك فرصة لفهم ما انت بحاجة اليه

ويجعل تفكيرك اكثر منطقية فبدل من النظر الي فوائد الشيء ايضا الي خطورته

هذه السيدة ربما تتزين بالذهب وهذا يعطيها قيمة جمالية لكن القيمة المفقودة هي هذا الوقت الذي تقضيه في أخذ حيطتها الا يتم سرقتها او السرقة بالإكراه حتي..

أحد الامثلة لهذا الموضوع والذي ربما تتفهمه النساء اكثر

هو ان تقرر سيدة شراء كيلو طماطم وتجد سعره ٤٠ جنيه فتسال عن سعر ١٠ كيلو تجدهم ٣٥٠ جنيه فقط فتقرر انها تشتري ال ١٠ كيلو للتوفير

ربما تحتاج في العودة الي مواصلة اغلي مقابل الحمل الثقيل

لكن الاهم انها ستحتاج الي تجزين هذه الطماطم في الثلاجة وعدم فصلها وبالتالي ربما تستهلك كهرباء اكثر من ال ٥٠ جنيه التي تم توفيرها

ولأجل هذا فإننا دائما ما نقوم بدراسة الجدوى قبل المشاريع الكبرى

ففرق سعر الطماطم من الكهرباء ربما يكون قليلا لكن في المشاريع ربما يكون تكلفة الانتاج اضعاف الشراء او الاستيراد وبخلاف السلع الاستراتيجية فلا أحد يحب ان يتكلف ٥٠ جنيه مقابل كل حجر ريموت مقابل تكلفة استيراد له ب ٢٠ جنيه

لذا فان تلك الدراسات المستفيضة للجدوة قد لا تفيدنا في التقليل من القيمة المفقودة ولكن علي الاقل تعطينا نظرة موسعة علي تلك القيم المفقودة في الانشاءات والانتاج

تجاهل صلاحية القيمة

أيا يكن الشيء الذي نقيمه فله صلاحية لوقت معين وبعدها اما ان يفقد قيمته كليا او جزئيا

حتي المعلومات التي تدرسها فهي تنسي بمرور الوقت ربما بعد عام او اثنين ان امسكت بورقة امتحانك في الثانوية العامة لا تقدر علي حل ما حللته مسبقا..

ماذا لو انك قررت السفر لدولة وهذا السفر والعمل يحتاج اختبار لغة وانت وجدت خصم علي اختبار اللغة

لكنك لن تسافر قبل سنتين

فهذا الامتحان لن يكون له قيمة بعد السنتين بالتالي فان كنت تري ان خصم ٢٠ بالمائة علي السعر مجدي فان خسارة سعر الامتحان بالكامل لن يجدي..

هناك اشياء لها صلاحية لأعوام مثل المعادن وأخرى لها صلاحية لأيام مثل عب الزبادي والخضروات الطازجة والفواكه

ربما يشتري التاجر كميات من الخضار بسعر س وبعد ذلك يبيع الوحدة بسعر ٢ س وبعد يومين ب س وبعد اربع ايام ب نصف س ربما بعد اسبوع ببلاش للتخلص من شيء بلا قيمة لك ولكنه مجدي لأحد غيرك ربما كسماد عضوي وربما ان انتظر عندك اسبوعين تحتاج ان تدفع معه مال للتخلص من تلك القاذورات

صلاحية القيمة ليست ف في تلك الاشياء التي لا تعد قابلة للاستهلاك الادمي في الطعام بل احيانا في الموضة ربما سعر أحد الموديلات من الملابس كان بتقييم سوقي كذا ولكن بعد سنتين اصبح غير مرغوب فيه فقل سعره

ايضا صلاحية الشيء تختلف بين الاماكن فربما قدرا من الخمور له قيمة في بلد ولكنه بعبور الحدود لأخرى يصبح مشكلة فقيمته سالبة لان هذا البلد لا يسمح بها

ربما ايضا صلاحية كيلو من الذهب تكون مجدية جدا لكن علي سفينة تغرق او طائرة تسقط او داخل نفق متهدم فهي لا تساوي شربة ماء..

لذلك نحن في حياتنا كأشخاص ربما نعيش السنين بحثا عن المال بحثا عن الذهب هذا وننسي ان نمتلك شربة الماء حين سقوط النفق او الطائرة او وقت تعطل السفينة

ربما الاوراق النقدية حين تكون في المصرف تربح القليل سنويا لكن انت بحاجة الي مال في يدك للتنقل فصلاحية المال في البنك ربما لا تمكنك من دفع اجرة سيارة او شراء اكل من مطعم بسيط صلاحية املاكك عندما تكون قادرا علي التحكم بها لا تساوي قيمتها حين تفرض أحد الدول المستضيفة لأموالك عقوبات عليها..

ببساطة علينا ان نفكر في صلاحيات ما نملك هل فعلا نحن قادرين علي استخدامه ...؟

البعض يقول "لا تضع البيض كله في سلة" والاخر يقول "ركز جهودك"

لكن الاهم دائما ان تفهم تلك المصطلحات و عندها ستقرر بسهولة ايهما مجدي لك في كل حالة

التخزين السيء للقيمة

أحد أسباب الفشل هو وضع القيمة التي تمتلكها بشكل لا يحافظ علي قيمتها

نعم ببساطة لأن القيمة ليست شكل مطلق فلوح الثلج قد يكون سعره ٢٠ جنيها لكنه بعد ساعتين في العراء ربما يكون لا شيء وربما حتي تكون قيمته سالبة نظير ما ترك من تبلل للمكان الذي فيه

الأمر في الثلج قد يكون واضحا لكنه قد يكون خفيا بالقدر الذي يجعل البعض يتجاهله

فمثلا تخزين الأموال في البنوك قد يكون أكثر أمانا لكنه بعد سنوات ومع ارتفاع التضخم سيكون بلا فائدة لأن قيمته العددية ثابتة وربما تزيد ٢٧ بالمائة لكن قيمته الشرائية تفقد الكثير

ليس الأمر في هذه الأموال فقط فأنت حين تحصل علي كورس تعليم لغة أن احتفظت فقط بالشهادة ونسيت ان تجدد حديثك باللغة واستخدامه لها فهذا تخزين سيء وأحد أسباب الفشل لأن المخ أيضا سيتخلص من المعلومات لديه مع الوقت كنوع من تخفيف الاحمال

انت تعلمت المهارة نعم لكن عقلك أو لنستخدم لفظ مخك لا يراك تستخدمها وهو بذلك يفكر ويقرر اذا لماذا نكلف نفسنا ونخزن المعلومات طالما أننا لا نستخدمها ...؟

الأمر كمن يقول لنشتري سيارة وننتظر حتي تغلو ونبيعها ثم يتركها في الشارع

وبعيدا عن تكلفة التخزين فأنت أيضا تخزينها بشكل يقلل من قيمتها ربما أسباب أخرى في المثال للخسارة للقيمة ولعلي هنا اعتبر خسارة القيمة شكلا من أشكال الفشل

تخيل أن مؤسسة قررت أن تبني المساكن في الصحراء وتنتظر ارتفاع سعرها وتبيعها أو أنها لا تتعجل تسليمها مقابل رفع سعر الوحدة ..؟!

هذا مثال أيضا للتخزين السيء

وانا اسكن في شقة بمساكن عثمان في السادس من أكتوبر المصرية بينما كنت أعمل في مجال حديد التسليح في المساكن المجاورة

سمعت الكثير عن قصص السطو علي تلك العمارات وسرقة ما تحوي من أبواب وحتي اسلاك الكهرباء وربما حتي رخام السلم

ببساطة لأن هذا تخزين سيء للقيمة فالشقة تلك لا أحد يسكنها ولا أحد يعمل علي حراستها

هذا يشكل جزء من القيم المفقودة نتيجة سوء التخزين أو التخزين لمدة أطول من اللازم

فلوح الثلج يحتاج يوما ربما في درجة حرارة منخفضة ليتحول من الماء الي الثلج لكنه يحتاج طاقة تبريد إضافية نظير كل يوم يبقي ثلج ولا يعود للماء

الأمر الآخر أن تخزين السلع والقيم السيء قد يودي للفشل نتيجة للتغيرات المحيطة بيئيا حتي

فربما عالمياً بعض الدول تحافظ علي انتاج قليل من حقول الغاز مقابل الاحتفاظ به لترفع سعره في السوق العالمي وتحافظ علي ما لديها من آبار وكميات وقيم

في المقابل يتغير الطلب نتيجة الاتجاه للطاقة النووية السليمة

ربما حتي أن الاحتفاظ بالقيمة من الغاز و البترول أيضا تخزين سيء لأنه تخزين خارج ملكيتهم للأرض

فمثلا بعض آبار الغاز والبترول عابرة للدول وبذلك بتقليل الإنتاج من داخل دولة لن يبقي القيمة من الغاز والبترول داخل الدولة لأن استخراج الدولة المجاورة له سيسحب المخزون إليها

مثال آخر ربما يندرج تحت جهل القيمة هو التخزين المنسي كمن يشتري كتاب ويضعه علي رف ثم ينقله لدرج مكتب وبذلك هو تخزين سيء لأنه لم يحدد له ميعاد للقراءة

ارتفاع معدلات التضخم

ربما قد ينظر البعض علي أن التضخم أحد أسباب الفشل المرتبطة بالبيئة وأنه لا يمكن السيطرة عليه ولكن واقعيا هو أحد الأسباب التي يمكن للأشخاص تجنبها

انت لست بحاجة للنظر الي التضخم كمشكلة طالما أنك لا تخزن أموال

اعلم انك تخزن أموال كشركة ربما للموظفين كرواتب أو حتي الطوارئ كأشخاص لكن طالما أن تلك القيمة تمثل للحد الأدنى وانها توضع لتوقع مشكلة واحدة ليس كل المشاكل معا فأنت ربما تجعل كل القيمة السوقية للشركة منتجات فعلية موجودة بها بدلا من مجرد أموال بالبورصة وبالتالي فهذه القيمة الضئيلة التي تحتفظ بها وقت قصير لا تتجاوز الاثنين بالمائة غالبا

هنا التضخم لا يوثر علي ما تملكه من منتجات بل فقط أموال

إن كنت تملك الات تصنيع أو حتي منتجات فلن تتأثر بالتضخم المهم ان تتجنب التخزين السيء

وحتي ان كنت تحتفظ لأسباب ما بالقيم المالية فدائما ما تكون العملات الحقيقية (الذهب والفضة) خير سبيل اما العملات الورقية فهي مجرد قيم متغيرة بالتناقص ببساطة لان كل صباح تزداد كمية الاوراق ولا تزداد كمية المنتجات بالتالي الناس الذين يملكون الاوراق النقدية في زيادة بينما الممتلكات هي هي علي عكس الذهب فعملية استخراج الذهب تتماشي مع عملية النمو العالمي في المنتجات و الممتلكات

طالما انك بعيد عن تخزين الاموال فلتتغير الاموال لكن علي العكس ان كنت تحتفظ مثلا في بيتك بسعر شراء ماكينة معينة وقمت بتخزينه لشهر او سنة فبعد سنة لن تقدر علي شرائها

لكن ان امتلكت العملات الحقيقية فلن يتأثر ربما قل السعر نسبيا الي تلك العملات لان المنتج اصبح اكثر توفرا

القيمة الميقاتية

ربما كل القيم متغيرة ولو بنسبة بسيطة بالتناسب مع بعضها البعض لكن الثابت ان بعض القيم معروف انها قيم ميقاتية

فمثلا في عهد الكرونا كانت قيمة الكمامات اعلا بكثير من الان كقيمة ميقاتية لزيادة الحاجة اليها

ببساطة لان القيمة تختلف حسب احتياجنا الي تلك القيمة لان الاصل التقييم حسب احتياجك اليها وليس تقييما سوقيا

فربما قيمة الذهب عالية لكن في وقت تغرق فيه سفينة هل الذهب اهم ام القوارب للنجاة..؟

ربما قيمة البصلة في هاتفك الالكتروني أفضل من البصلة الخارجية التي تعمل ميكانيكيا

لأنك لا تضطر الي حملا زائدا في جيبك كل صباح لكن في وقت ان تفقد طريقك في الصحراء فقيمة تلك البصلة خارج هاتفك بينما هاتفك فقد شحنه ستكون أفضل ..

ربما قيمة كوب من الماء جوار نهر لا تساوي شيء

لكن في مكان جاف وحار ستكون غاية في القيمة والتكلفة

بيساطة أحد أسباب الفشل هو اننا ننظر الي القيمة انها قيمة مطلقة وننسي محدداتها فربما كما تحدثنا من الصعب ان يقوم مصنع بتصنيع ابرة خياطة بمبلغ ٢٠ جنيها بينما يمكنه استيرادها ب٥ جنيهات

لكن الغريب ان التصنيع في بعض المواد أفضل فعلي سبيل المثال الاسلحة وتصنيعها لا يمكن النظر اليها بالأرخص بل الاكثر استدامة فوقت الحرب ربما نفس الدول التي تعطيك السلاح الرخيص او حتي مجانا كمعونة ستوقفه عنك الأمر غريبا سطحيا لكن في العمق ليس غريبا

فالقيمة الميقاتية تتحدد بناءا علي معادلة تجمع فيها مقادير احتياجنا وتطرح منها الاوقات التي يمكن ان تتوقف فيها

فمثلا شراء الاغذية الغالية من دولة صديقة او حتي من المجتمع المحلي قيمته اكبر من قيمة نفس الغذاء من دولة أخرى معادية

لان الاوقات التي تطرح من مقادير الاحتياج تقل كثيرا من القيمة وبالتالي دفعنا للقيمة اغلي في ما هو مستمر ومضمون

التقدير الخاطئ للقيمة

وهذا التقدير الخاطئ ينتج عن كل الأسباب السابقة بان تصل النتيجة الي تقدير شيئا ما بقيمة غير قيمته زيادة او نقصان بان تحدد مثلا ان قيمة حذاء مثلا اعلي من قيمة حذاء اخر او ان تحدد مثلا ان قيمة الكورس الذي ستشترك فيه مهمة بينما هو غير مهم

لماذا اذا التقدير الخاطئ يسبب الفشل ..؟

ببساطة لأنك لن تستطيع معرفة اي الاشياء اكثر قيمة من الاخر فمثلا انت ربما تعرف كما في المجال الطبي ان اجراءات السلامة لمصاب هي النظر الي الدورة الدموية والتنفس ومجري الهواء

لكن ماذا عن مريض يتنفس بدرجة ضعيفة وينزف من أحد اصابعه..؟

ربما اختلفت بروتكولات التعامل الصحي ايهم اهم المجري الهواء ام الدورة الدموية لكن الاصل ان ربما نزيف في الصباع اقل من مشكلة في التنفس لأنه يميل الي ان يتوقف من تلقاء نفسه وربما يحدد الموقف ان التنفس اهم

ما فعلناه يا صديقي مجرد احتمالات لكن التقدير الفعلي لقيمة هذا النزيف كخطورة وبالتالي كأولوية هو تقدير خاطئ لأننا لا نري النزيف فعليا

اذا فالأصل في التقدير للقيمة ان تأتي وتري الشيء قبل التقييم

كما يقول البعض لا تشتري سمك في الماء ليس فقط لأنك لا تعرف هل سيخرج ام لا بل لأنك لا تعرف كيف سيخرج ومقدار القيمة المفقودة في اخراجه

ربما أحد الجزارين يقرر شراء ماشية وهو يتفق بالهاتف ان سعر كل كيلو كذا لكنه بالذهاب الي المكان والوصول يتفاجأ بالطريق الطويل الذي ربما تكلفة الوصول اليه بسيارة لنقل الماشية تكلف اكثر من المتوقع بالتالي تختلف قيمة الشيء لأننا سنطرح القيمة المصروفة علي النقل

فربما هذا الرجل احتسب ان سعر الكيلو كذا ونسبة اللحم كذا واعتبر ان كالعادة يصرف النقل كذا ونسي ان عملية النقل تم تقدير ها بالخطأ

التقدير الصحيح غالبا يتجاهلها الأشخاص سواء كانوا يتعاملون في امور شخصية او حتي مؤسسية لكن الثابت الاهم ان اي عملية تقدير قد تكون اقل دقة من المائة بالمائة واننا فقط نقرب التقدير لاقرب ما يمكن

الأمر الثاني ان عملية تقدير القيم علي الورق تكون أفضل وكلما كانت خبراتك اكبر كانت تقدير اتك اكثر دقة طالما انك تكتب وتتعلم وتستفيد من خبراتك وبما ان القيمة التي تشتريها قد لا تستهلك في الحال فلابد ايضا من احتساب قيمة التخزين والزيادة او النقصان المتوقعة

فمثلا من يشتري سيارة ليوفر نفقات الذهاب والاياب وينسي تقدير قيمة الجراج او من ينسي قيمة الصيانة

انت تقرر ان تذهب الي فرح أحد اصدقاءك وتنظر الي قيمة المجاملة له وتنسي ان امور اهم كانت ممكنة في الوقت هذا ربما امور الأشخاص سيتم التحدث عنها لاحقا

لكن مثالا اخر للتقدير الخاطئ للقيم هو عدم النظر الي المدي البعيد في القيمة

ربما لو سألت أحد مديرين الشركات ايهما اكثر قيمة لندفع فيه مبلغ نص مليون جنيه

شراء سيارة للمدير ام توزيع ثمن السيارة علي الموظفين الخمسين..؟

ربما ان كان مديرا انانيا سيقول السيارة لكن بالنظر الي الموظفين الذين يتلقون فقط اجورهم دون تحفيزات مقابل تحقيق الارباح

فلن يكونوا في العام الذي يليه بنفس الكفاءة وربما تضطر الي دفع المزيد للتدريب مقابل من يملون من العمل بلا مكافئات او من يرون ان عملهم أفضل ما بوسعهم لن يقيدهم المزيد فقط اجورهم المعتادة

الحساب الجبري للقيمة

ربما يظهر الأمر غريبا حينما نتحدث ان واحد زائد وأحد لا يساوي اثنين

فنحن تعلمنا جميعا هذه الحسابات التقليدية في المدارس لكن عمليا هذا ممكن

حتي ان خبراء الكيمياء يفهمون جيدا ان لترا من الماء ولترا من الكحول لن يساوي

٢ لترا من مزيج الماء والكحل بل اقل ..

يبدو الأمر غريبا لكنه الواقع

ففي الحياة العملية كثيرا من الاشياء لا يمكن تقديرها جبريا وتقديرها جبريا يصل الي عواقب وخيمة

ببساطة لان بعض الاشياء قيمتها تتحدد بالظروف والطلب عليها

فمثلا ان كان سعر كيلو الارز ٣٠ جنيها فربما من السهل ان تقول ٥ كيلو منه يساوون ١٥٠ جنيها

ربما يكون البعض ذكيا اكثر ويحدد ان سعرهم اقل قليلا ربما مائة وخمسة واربعين

هنا انت لا تحتسب قيمة تقديرية بالحساب الجبري

وهذا قد يؤثر علي دقة الكثير من الخطط لكنه غالبا ما يكون متوقع

لكن تخيل لو اننا قولنا ان سعر مليون طن او مليار طن منه

هل سيكون ٣٠ مليون او ٣٠ مليار

هل سيكون اقل كثيرا ..

الأمر هنا ايضا ليس جبريا

لكنه لن يكون اقل ببساطة لأنك عندما طلبت ٥ كيلو وفرت عدد مرات الوزن

فقل السعر ربما لأنك قللت عدد مرات التعبأة وعدد الاكياس وهكذا

لكن حينما تشتري المليون والميار طن فانت تغير ديناميكية الطلب بالتالي

هناك أشخاص سيكون باحتياج للأرز وسيطلبونه بينما انت تريد الكمية فهم سيدفعون اكثر لا مشكلة مقابله وهنا سيرتفع سعره ربما الي الضعف كلما قل المعروض منه الي النصف

ربما المعادلة غير دقيقة لكن الثابت انه كلما ذاد الطلب بكميات اكثر مما يمكن توفيرها زاد السعر

الأمر قد يكون خرافيا فلا أحد عاقل يحتاج لشراء هذا الكم من الارز

لكن الأمر نفسه في عملية استئجار العمال

فعندما تنزل الي قرية وتدير مصنعا صغيرا ربما تري ان تقييمك لراتب العامل ٢٠٠ جنيه في اليوم لكنك حينما تحتاج نصف عدد سكان القرية

فربما ليس النصف يريد العمل معك ويفضل العمل بمكان اخر فسيرتفع الاجر لكي ترضيهم للعمل معك

البعض قد يري ان عدد من العاطلين في مكان يعني ان ايدي عاملة متوفرة كعدد

لكن هذا حسابا جبريا فالكثيرين لا يبحثون عن عمل ولا ينوون العمل رغم انهم عاطلين

الارقام وحدها لا تكفي فكما قلنا كيلو ارز سيكون بسعر في الظروف العادية وبسعر اقل كما يقال في سعر الجملة لكنه سيكون بسعر اكثر عندما تقرر شراء نصف ما في السوق

القيم الغير محسوبة

سوآءا في حياتنا الشخصية او حتي في الحياة العملية والتجارة والشركات والمؤسسات توجد العديد من القيم الغير محسوبة التي غالبا ما تكون شؤون عاطفية وعلاقات لا يمكن تقديرها مقابل المال لكنها ذات قيمة

فربما أحد الموظفين في شركة يخاطر بحياته من اجل انقاذ الشركة قد تبدو غباوة منه لكن هذا ربما لان المدير زات يوم جامله بجملة "حتي لو مش محتاجين ال بتعمله بس احنا محتاجينك"

الأمر قد يبدو دراميا لكن في كل يوم نعيشه الاف من القيم الغير محسوبة من ولاء الموظفين او الاصدقاء ومن علاقاتك ومن احترام الناس لك

قيم كثيرة لا يمكن الحديث اننا نمتلكها لأنه ببساطة غير قابلة للبيع لكنها تكون مقدار حماية وكلمة طيبة واسلوب خلوق

ماذا !

الا يهمك هذا ..؟

بل يهم لأنه جزء من احتسابنا للقيم الأخرى

فثقة العملاء تزيد من عملية الشراء للمرة الثانية وربما تحول مع الوقت التسويق من عملية نشطة لعملية تلقائية تحدث من خلال سمعة المؤسسة ورضا العملاء

او حتي ان أحد الموظفين معك رشحك لعمل جديد انت هنا لا تستطيع بيع قيمة معرفتك للشخص لكنها ستفيدك

فسواء كانت للشخص او المؤسسة

فهي امور خارج دائرة الحسابات الجبرية والغير جبرية امور تشعر لا تعقل غالبا

فهذا الموظف الذي رفض عرضا أفضل من حيث المقابل المادي سبيل عدم ترك عمله معك أمر لا منطقي وكذلك هذا الشخص الذي قرر ان يعمل طوال الليل لأنك تعامله جيد رغم ان ساعات دوامه في العمل انتهت

احيانا حينما يتعامل الكثيرون معي شخصيا يرون اني الشخص الاقل عاطفية ربما

وهذا ربما صحيح

لكن الغريب ان حتي تلك القيم الغير محسوبة لها اولويات ولها ايضا توزيعات ونسب

وهي تتبع قانون الكم الثابت اي انه مقدار كلما اخذنا منه نقص

بالتالي فانت عليك ان توزع تلك القيم حسب الحاجة وحسب افتراضات تضعها مسبقا

فربما زوجتك بحاجة الي عاطفة اكثر من صديقتك في العمل رغم ان العاطفة مطلوبة للاثنين

وربما اولادك بحاجة للعاطفة اكثر من عملاءك ربما حتي ان كان عملائك بحاجة الي مزيد من حسن المعاملة

ربما انت بحاجة الي ولاء موظفيك لك او عملائك لك لكن بعض العملاء او الموظفين اكثر من غيرهم من هنا تأتي فكرة الحكمة في توزيع تلك القيم الغير محسوبة او العاطفة حتي الابتسامات والضحكات

أحد أسباب الفشل الزوجي وربما الطلاق عدم الامتنان والتواصل او تناول الطعام معا في المنزل مما يقلل تقبل وعاطفة كلا الزوجين للآخر

لا احتاج الي مصدر لكلامي فاعتقد انك تري ذلك مرات عديدة

ببساطة لان الشخص قرر ان يقلل من عاطفته الي زوجته الي شخص اخر ربما الي عملائه او زملائه

وبهذا تفقد زوجتك وتركيزك ووظيفتك وزملائك او عملائك على الترتيب..

Also by Ahmed Ragab Ali Abdelghany

Nursing AI war
Artificial intelligence managed Hospitals
Abc of ABC
مبادئ السيطرة في الفكر المعاصر
٩٧ سببا للفشل

Also by Msytr

Nursing AI war
Artificial intelligence managed Hospitals
Abc of ABC
٩٧ سببا للفشل

9 798822 482587